Fundação Roberto Marinho

redes da maré

mórula EDITORIAL

COORDENAÇÃO DA IMPLEMENTAÇÃO DO PROJETO EJA NA MARÉ

Vilma Guimarães
Ricardo Pontes
Bernadete Rufino

FUNDAÇÃO ROBERTO MARINHO

SECRETÁRIO-GERAL
João Alegria

GERENTE DE IMPLEMENTAÇÃO
Heloisa Mesquita

GERENTE DE PRODUÇÃO
Deca Farroco

DIRETOR UNIDADE ESCOLAR
Renan Carlos da Silva

DIRETORA-ADJUNTA UNIDADE ESCOLAR
Joana Ribeiro dos Santos

COORDENADORA PEDAGÓGICA UNIDADE ESCOLAR
Samanta Guimarães Natalino Castro

SECRETÁRIA UNIDADE ESCOLAR
Andressa Chaves Navega

REDES DE DESENVOLVIMENTO DA MARÉ

DIRETORAS
Eliana Sousa Silva
Andreia Martins

COORDENADORA DO EIXO EDUCAÇÃO
Kelly Marques

COORDENADORAS DE PROJETO
Patrícia Vianna
Alessandra Pinheiro

EQUIPE DE EDUCADORES

Aline Araújo da Silva
Aparecida dos Santos Mercês
Ana Claudia de Araújo
Bruno Bonsanto Dias
Cristiana Aparecida da Cunha
Diego Marcelino dos Santos
Fernanda Santiago França
Juliana Águida Mendonça de Andrade
Luan Costa Ivanir dos Santos
Vitor Felix do Vale

PARCEIROS APOIADORES

Instituto Somos
Instituto Humanize

Luiz Eduardo Soares

EDUCAÇÃO PARA MUDAR O MUNDO

HISTÓRIAS DE VIDA E O IMPACTO DO PROJETO "EDUCAÇÃO DE JOVENS E ADULTOS NA MARÉ"

Fundação Roberto Marinho
redes da maré
mórula EDITORIAL

REVISÃO
Natalia von Korsch

PROJETO GRÁFICO
Patrícia Oliveira

CIP-BRASIL. CATALOGAÇÃO NA PUBLICAÇÃO
SINDICATO NACIONAL DOS EDITORES DE LIVROS, RJ
Elaborado por Meri Gleice Rodrigues de Souza – CRB 7/6439

S655e

Soares, Luiz Eduardo
Educação para mudar o mundo: histórias de vida e o impacto do projeto "Educação de Jovens e Adultos na Maré" / Luiz Eduardo Soares. – 1. ed. – Rio de Janeiro: Mórula, 2023.
184 p. ; 21 cm.

ISBN 978-65-81315-90-0

1. Educação - Aspectos sociais. 2. Escolas públicas – Maré (Rio de Janeiro, RJ). 3. Educação de jovens e adultos – Maré (Rio de Janeiro, RJ). I. Título.

23-86853 CDD: 374.8153
CDD: 374.7(815.3)

Rua Teotônio Regadas 26 sala 904
20021_360 _ Lapa _ Rio de Janeiro _ RJ
www.morula.com.br _ contato@morula.com.br
morulaeditorial morula_editorial

ESTE LIVRO É DEDICADO
À MEMÓRIA DE PAULO FREIRE
E A TODAS E TODOS QUE
TORNARAM POSSÍVEL
O EJA DA MARÉ.

AGRADECIMENTOS

Este livro não seria possível sem a generosidade de Vilma Guimarães e Eliana Sousa Silva, a cujo convite devo o privilégio de tê-lo escrito e a cuja iniciativa os alunos e as alunas devem a realização do projeto EJA na Maré. A essas duas mulheres extraordinárias o Rio e o Brasil devem tanto que seria inviável, aqui, ousar uma síntese. Citando Vilma e Eliana, estendo à Fundação Roberto Marinho e à Redes da Maré meu reconhecimento. O EJA, entretanto, não existiria, ou não existiria com sua potência criativa e transformadora, sem a dedicação, a competência e a sensibilidade da equipe docente, uma seleção de profissionais cuja qualidade excepcional foi testada e comprovada pelo corpo discente, no dia a dia. Refiro-me às professoras: Aline Araújo da Silva, Aparecida dos Santos Mercês, Ana Claudia de Araújo, Cristiana Aparecida da Cunha, Fernanda Santiago França e Juliana Águida Mendonça de Andrade.

E aos professores: Bruno Bonsanto Dias, Diego Marcelino dos Santos, Luan Costa Ivanir dos Santos e Vitor Felix do Vale.

Um projeto desse porte só se implementou com tamanha efetividade porque contou com uma coordenação mais do que capaz, preparada e proficiente, cuja aplicação ultrapassou a fronteira entre o dever e a doação pessoal. Homenageio a equipe de coordenação citando aqui: Patrícia Vianna, Alessandra Pinheiro, Bernadete Rufino e Ricardo Pontes.

Tampouco haveria livro não fosse a gentileza e o espírito de cooperação, a coragem e a abertura das entrevistadas e dos entrevistados, cujas histórias comoventes são verdadeiras lições de vida, a cuja riqueza procurei ser fiel. Minha gratidão a: Aline Gouveia, Álvaro Pereira, Andrea Gomes Barcelos, Bárbara Silva, Daniel Rocha dos Santos, Djaneide G. da Silva, Eduardo de Castro, Elaine Bento, Emerson Lima, Gabrielle Vidal, Gian de A. Santos, Jeckson dos S. Xavier, Joerlândia B. da Silva, Jorge Luiz de Sousa, José da Silva, Lenice Silva, Lídia da Rocha Marques, Lucas Azevedo, Lucas Felipe dos Santos, Maria das Neves, Nicolas J. Faustino, Nilson do Valle, Paulo Azevedo, Suelen Cardoso e Thiago Souza.

Agradeço também a Ilca Dias e Deise Pimenta, entrevistadoras, que não pouparam esforços para criar o ambiente mais propício possível ao diálogo, prezando acima de tudo o respeito. Finalmente, sou grato a Natália Guindani, pela colaboração de valor inestimável, e a Miriam Krenzinger, cuja contribuição foi de tal ordem decisiva que não seria demasiado considerá-la coautora deste livro.

SUMÁRIO

FUNDAÇÃO ROBERTO MARINHO

A Fundação Roberto Marinho (FRM) é uma organização brasileira sem fins lucrativos criada em 1977 pelo empresário Roberto Marinho, fundador da Rede Globo, uma das principais empresas de mídia e tecnologia do país. A fundação desenvolve programas e metodologias que encantam e ensinam, gerando impacto e mobilização da sociedade com foco na atenção às redes de apoio à educação básica; no fomento da cultura; na valorização do patrimônio histórico; e, sobretudo, na inclusão educacional e produtiva das juventudes que estão fora da escola.

Há mais de 45 anos a fundação acompanha agendas prioritárias para a redução das desigualdades no Brasil, e reafirma, a cada novo desafio, seu compromisso em apoiar ativamente a educação como vetor de transformação social. Um dos principais destaques da instituição é a oferta de solução para a Educação de Jovens e Adultos (EJA), conhecida como "Telecurso", que já atendeu diretamente 1,7 milhão de jovens brasileiros e, indiretamente, impactou mais de seis milhões de pessoas, com a conclusão do ciclo de educação básica.

A Unidade Escolar da Fundação Roberto Marinho oferece educação para jovens e adultos dos anos finais do Ensino Fundamental e do Ensino Médio. O modelo utiliza a metodologia "Telessala: Incluir para transformar", em que práticas pedagógicas garantem o protagonismo dos estudantes a partir de suas experiências de vida, com aprendizado baseado em suas necessidades reais e contexto social. A escola matriculou 2.400 estudantes no período de 2011 a 2022, distribuídos em mais de 74 turmas em classes descentralizadas para residentes de comunidades do estado do Rio de Janeiro.

Em um país onde a evasão escolar custa 214 bilhões de reais ao ano, segundo dados do Insper (2020), a correção de fluxo e a aceleração de aprendizagem estão entre as principais urgências para a atuação de líderes e representantes públicos do campo da educação. Nesse sentido, a produção de conhecimento e a articulação de parcerias, que envolvem diferentes setores da sociedade, são estruturantes para as estratégias de sucesso de instituições comprometidas com o investimento social privado, como a FRM.

Dados a respeito do perfil socioeconômico de estudantes de algumas classes descentralizadas e dos polos de atendimento da unidade escolar da Fundação Roberto Marinho revelam a presença majoritariamente de mulheres negras, com idade entre 20 e 44 anos, que optaram por este modelo de aprendizagem pela qualidade do curso, pela proximidade do local de residência e/ou do trabalho e pela gratuidade. Em geral, elas têm como principal fonte de informação sobre assuntos contemporâneos a internet e a televisão. Muitas vezes, são histórias de brasileiros e brasileiras que sonham em conseguir um emprego com carteira assinada a partir da conclusão do Ensino Médio e do ingresso em uma universidade. Sonho que alimenta um desejo digno de melhoria de qualidade de vida das futuras gerações de suas famílias, quebrando, assim, parte importante do ciclo da desigualdade educacional.

Desta forma, a Fundação Roberto Marinho se prepara para completar 50 anos em 2027, ajustando seu posicionamento estratégico para incluir jovens brasileiros que não conseguiram frequentar a escola ou receber formação profissional. A organização se dedicará a preparar e distribuir serviços educacionais digitais e gratuitos, com o objetivo de impactar diretamente grande parte dos 13 milhões de brasileiros com idade entre 14 e 29 anos nesta condição, contribuindo de forma relevante para o futuro do país.

REDES DA MARÉ

A Redes da Maré[1] é uma organização da sociedade civil que tem como missão criar conexões dentro e fora da Maré, para implementar ações estruturantes nas 16 favelas da região e garantir os direitos dos seus 140 mil moradores. Mobiliza e incentiva o protagonismo da população local, fortalecendo suas potencialidades socioculturais, educacionais e econômicas. O intenso trabalho de articulação territorial, a partir de metodologias vivas e engajamento, tem como objetivo incidir sobre diferentes instâncias governamentais, em busca de políticas públicas mais eficazes, que garantam aos moradores da Maré os mesmos direitos e oportunidades de quem vive em outras regiões da cidade.

Em 2023, a Redes conta com 11 equipamentos (entre prédios e espaços) e se divide em cinco eixos de atuação: Arte, Cultura, Memórias e Identidade; Direito à Saúde; Direito à Segurança Pública e Acesso à Justiça; Direitos Urbanos e Socioambientais; e Educação. Os cinco eixos, por sua vez, desenvolvem projetos com apoio de dezenas de parceiros e doadores nacionais e internacionais, entre universidades, instituições da sociedade civil e representantes do poder público. Em 2022, os 45 projetos realizados atenderam 7.952 pessoas de forma direta. As ações estruturantes buscam ampliar o tempo de escolarização da população da Maré, oferecendo mais acesso à formação qualificada, à geração de renda e aos direitos das mulheres. Outra ação importante é a produção de conhecimento,

1. Para saber mais, acesse: https://www.redesdmare.org.br.

compreendendo, analisando e divulgando o cotidiano dos moradores através de pesquisas e dados, que oferecem novos imaginários e narrativas sobre a favela.

APRESENTAÇÃO

EDUCAÇÃO COMO POTÊNCIA

Em 2018, a Redes da Maré e a Fundação Roberto Marinho se uniram para oferecer aulas regulares da modalidade Educação de Jovens e Adultos (EJA) para os moradores do conjunto de favelas da Maré que não concluíram o Ensino Fundamental e o Ensino Médio em idade regular2. Com apoio do Instituto Humanize, logo no primeiro ano do projeto foram abertas 14 turmas de EJA: três de Ensino Fundamental e 11 de Ensino Médio, com aulas acontecendo em sete espaços diferentes das 16 favelas da Maré, na região Norte do Rio de Janeiro. No final de 2019, dos 529 estudantes inscritos nas primeiras turmas, 432 se formaram — 75 concluíram o Ensino Fundamental e 357 terminaram o Ensino Médio. Deste grupo, a maioria (69%) era formada por mulheres, que também eram mães (72%), com idades entre 31 e 40 anos (44%).

2. O EJA se destina a jovens com 16 anos ou mais que não concluíram o Ensino Fundamental na idade regular e para quem tem mais de 18 anos e não terminou o Ensino Médio.

Desde o início, a metodologia utilizada para o aprendizado de jovens e adultos que, por algum motivo, não concluíram a educação básica na idade indicada foi a do Telecurso. Criada pela Fundação Roberto Marinho, nos anos 1970, com o objetivo de ampliar o acesso à educação de qualidade com a ajuda da televisão, esta tecnologia de ensino reconhecida pelo Ministério da Educação ganhou uma versão presencial a partir dos anos 1990, a Telessala. Desde então, mais de um milhão de estudantes de 12 estados brasileiros se formaram com apoio da Fundação Roberto Marinho.

Este livro reúne 15 histórias de vidas de alunos e alunas que passaram pela primeira turma do EJA da Maré, nos anos de 2018 e 2019. São relatos que evidenciam a importância deste projeto destinado a uma camada de jovens e adultos que, historicamente, sofre com exclusão e negação de direitos. Infelizmente, ainda hoje, muitas vezes faltam oportunidades de acesso e incentivo à permanência dos estudantes na modalidade Educação de Jovens e Adultos. É preciso superar os baixos resultados de aprendizagem, a defasagem idade-ano e a repetência, que acabam afastando os alunos das salas de aula.

Os dados de escolaridade na Maré confirmam a relevância da parceria da Redes da Maré com a Fundação Roberto Marinho. Segundo o Censo Maré (2019)3, apenas 37,6% da população de 140 mil pessoas que moram na região completou o Ensino Fundamental e metade desse número não foi além dessa etapa. Ou seja, somente 18% (25.031) dos moradores terminaram o Ensino Médio. Por outro lado, 8,01% (11.145) nunca frequentaram a escola e 6% (6.302) dos maiores de 15 anos se reconhecem como não alfabetizados. Ainda nesse grupo de moradores com mais de 15 anos, apenas 11% (11.270) frequentam a escola, sendo que, desses, um total de 58%

3. Disponível em: https://www.redesdamare.org.br/media/downloads/arquivos/CensoMare_WEB_04MAI.pdf.

(6.516) estudam fora da Maré. Esse fato se deve, sobretudo, ao número escasso de colégios de Ensino Médio dentro do território: são apenas quatro desse segmento nas 16 favelas da Maré.

A oferta na modalidade EJA nas escolas públicas também deixa muito a desejar: são somente quatro escolas com EJA e um Centro de Educação de Jovens e Adultos (CEJA), oferecendo turmas de Ensino Fundamental, e uma escola da Rede Estadual de Educação com EJA no Ensino Médio. Trata-se de um número muito pequeno de escolas diante da demanda entre os 140 mil moradores da Maré, com o agravante de serem mal distribuídas nas 16 favelas.

Desde 2018, o projeto de EJA da Redes da Maré com a Fundação Roberto Marinho não parou nem mesmo durante a pandemia de Covid-19, sempre com uma demanda ainda maior que a oferta de vagas, confirmando a importância de sua continuidade. Em 2021, houve 206 inscrições para 100 vagas e 63 formandos no final de 2022. Em 2022, foram 213 inscritos, 60 alunos selecionados e 50 estudantes se formaram no final de 2023. E entre os formandos de 2022, seis alunos foram aprovados em vestibulares.

A Educação de Jovens e Adultos não é apenas um direito de quem não concluiu a educação básica, é a possibilidade de produção de novos saberes e potencialização de mudanças estruturais na vida dos alunos e alunas. Experiências como o EJA da Maré aumentam a autonomia de cada sujeito, de cada morador, garantindo mobilidade de tempos e espaços.

CONSIDERAÇÕES PRELIMINARES

Este livro é composto por quinze relatos, cuja pretensão é sintetizar histórias de vida de estudantes que cursam o EJA da Maré e, generosamente, se dispuseram a colaborar. Para evitar expô-los e expô-las, foi necessário alterar nomes e outras informações que permitiriam sua identificação. Houve também lapsos nas narrativas colhidas, que indicavam claramente o sentido de alguns episódios secundários, mas não os descreviam. Quando isso ocorreu, as lacunas foram preenchidas pela imaginação, ou pela dedução, procurando garantir fidelidade ao sentido apontado. Eventualmente, histórias foram emolduradas com invenção literária, desde que o resultado esclarecesse, e não confundisse, os significados das tramas apresentadas. Ao todo, vinte e cinco discentes foram ouvidos, em mais de setenta horas de gravação. Foram escolhidos de acordo com sua disponibilidade e o atendimento a critérios simples, que preservassem a maior diversidade possível, contemplando diferenças de gênero, cor e idade, incluindo tanto quem cursava o Ensino Fundamental quanto os que cursavam o Ensino Médio — replicando-se a concentração neste último, verificada na própria organização do projeto. Para reduzir o universo coberto pela pesquisa, passamos de vinte e cinco para quinze depoimentos, por meio de sorteio. Evidentemente, não há qualquer ambição estatística e as escolhas não têm valor amostral. De todo modo, não está descartada a hipótese de que as trajetórias aqui relatadas guardem alguma sintonia com as linhas de força dos trajetos biográficos dominantes na comunidade. As limitações das abordagens qualitativas devem ser reconhecidas, mas podem ser ultrapassadas em futuras pesquisas mais amplas, que adotem procedimentos analíticos sistemáticos, aptos a sustentar generalizações. Contudo, independentemente de seu caráter universalizável ou não, cada história individual carrega consigo um valor intrínseco talvez mais potente do que a mera produção do conhecimento. Os protagonistas dos relatos sabem disso, e nos ensinam o que isso significa, quando nos dispomos, desarmados de preconceitos, a escutar seus depoimentos.

Quando fui convidado para escrever a história de alguns alunos do EJA, que eu escolhesse, aceitei o desafio com a condição de que me fosse concedida toda liberdade na seleção de estudantes, na forma de relatar e na avaliação que porventura viesse a fazer dos efeitos da educação tardia ou suplementar nas biografias sinteticamente narradas. Fiz questão de prevenir as instituições envolvidas de que não esperassem a velha epopeia clichê que vai do martírio à superação, a desgastada fórmula da fábula ufanista que confunde destinos contraditórios e complicados com a curva dramática pasteurizada, partindo dos conflitos à resolução edulcorada. Por esse caminho, o jornalismo literário e a aproximação etnográfica se degradam em simplificação caricata ou mesmo em propaganda. Compartilho essas ponderações com você, leitor, leitora, porque preciso ser fiel ao que ouço, enxergo e observo, ao que me parece ser a realidade. E a realidade me levou a trair meu compromisso com a fuga do modelo sofrimento-conflito-superação: o EJA coroando o triunfo do bem contra o mal e da autorrealização contra a alienação. Pois é isso mesmo que está acontecendo e não tenho como dourar, ou, nesse caso, envenenar a pílula. O EJA, para as quinze pessoas que vocês vão conhecer, está significando um verdadeiro renascimento ou o está tornando possível. Esse papel corresponde, afinal, ao que, idealmente, costumamos conferir à educação, em sua acepção mais nobre e ambiciosa. Não se trata apenas de instrumentalizar ou preparar para o mercado de trabalho; informar, transferir conhecimento ou equipar intelectualmente. Trata-se de tarefa muito mais radical e decisiva, cumprida numa medida quase irreal. O que as alunas e os alunos do projeto têm encontrado são professores que eles qualificam com o adjetivo "maravilhosos" (é exatamente o que dizem os estudantes, sempre: "maravilhosos". Nem mais, nem menos, maravilhosos — embora isso não se deva dizer, não assim sem aspas, como um qualificativo vulgar que soa falso e exagerado, num relato que se quer escrito com rigor). Os professores e as professoras são homens e mulheres que atuam com competência e destreza profissional e têm se mostrado — enfatizam as alunas e os alunos — capazes de compreender os momentos dos estudantes, suas limitações, dificuldades, idas e vindas, hesitações e impasses, e seus potenciais. Os professores e as professoras têm se revelado capazes de estabelecer relações densas, afetivas, cooperativas, fundadas no respeito e na generosidade, na empatia e na compaixão. Essas relações entre docentes e discentes têm constituído plataformas de lançamento de cada biografia para além das eventuais travas de suas respectivas origens ou dos percalços de suas formações. A relação didática tem sido fonte de propulsão de processos de transformação, assim como tem se afirmado como base sólida para a confirmação de desejos. Os desejos maduros de reinvenção da comunidade, da sociedade e de si mesmos.

Como posso introduzir os relatos que formam este livro senão descendo, eu também, do claustro em que me oculto e protejo? Tenho de me expor e correr riscos para ser digno do que testemunhei. Eis aqui, portanto, o autor a céu aberto, seu narcisismo, sua reserva, sua máscara retórica e seu viés disfarçado estendendo o abraço comovido a esses professores e professoras espantosos, colegas que me inspiram, os quais não teriam sido escolhidos nem poderiam fazer o que fazem, do modo como fazem, não fossem os métodos, o suporte, a liberdade e a plena identidade entre sua prodigiosa humanidade e a equipe que coordena, idealiza e torna real o EJA da Maré. O revolucionário EJA da Maré.

POR QUE NÃO?

Seu Osvaldo jurou para si mesmo que não repetiria com a filha a educação que recebeu do pai. Ele não se referia à educação formal ou escolar, uma vez que o pai, analfabeto, nunca teve consciência exata da relevância da escola. Tanto que ele mesmo, sem estímulo paterno, só estudou até a terceira série do Fundamental. Não daria à filha o tratamento frio, distante e severo que o pai lhe dera. Jamais tivera intimidade com o pai. Não conversavam. Ele não teve o privilégio de compartilhar alegrias e decepções com o pai. Guardou para si os encantamentos, as frustrações e as decisões que definiriam seu futuro. O irmão e as duas irmãs foram beneficiados com mais atenção e um relacionamento mais desarmado, aberto e afetuoso com o pai. Seu irmão tinha uma explicação. Achava que o pai sentia vergonha diante de Osvaldo. O pai bebia, se divertia com amigos, enquanto Osvaldo era sério, não chegava nem perto de bebidas alcoólicas e costumava ostentar uma carranca pouco amistosa em casa. Na rua era reservado, mas atencioso. Talvez porque imitasse a imagem que atribuía ao pai, assim se defendendo de sua presumida rejeição. Para que se abrir ao outro se houve alguma tentativa anterior traumática? Melhor antecipar-se ao "não" do pai, fechando-lhe antes a porta. Se o pai fosse assim com todos, Osvaldo compreenderia. Não era fácil sobreviver nas palafitas, nos casebres precários sobre o pântano, aquela paisagem desalentadora que antecedeu a Maré. Muito trabalho pesado, parca remuneração, ia-se avançando rumo ao futuro, da mão para a boca, porque retroceder não era uma opção. O migrante que veio expulso do campo, por lhe faltarem condições mínimas de manutenção da família, chega sem alternativas. Resigna-se com o que tem, desde que haja o suficiente para criar os filhos.

A cota de felicidade que coube a Osvaldo ele encontrou, e cultivou, no futebol. Na escola, não se acertava. Fugia das aulas para treinar dribles, chutes, cabeçadas e cruzamentos. Era essa sua vocação e teria sido também seu destino, não fosse a falta de dinheiro para a passagem e o lanche. Já estava com 17 anos, vinha jogando nos times de base do Flamengo desde o início da adolescência, passara para a escolinha que preparava os melhores e foi selecionado para começar a treinar entre os profissionais. Não era qualquer clube. Era o Flamengo. Seu clube de coração e de quase todo mundo que ele conhecia. O rapaz prometia. O problema foi mesmo a passagem. A passagem e o lanche, porque não dava para treinar com fome. Se faltava para o almoço em casa, claro que faltou para o transporte de Osvaldo. E também para o lanche. Mesmo que ele justificasse seu pedido, mostrando que seria um investimento e que os ganhos posteriores compensariam os gastos, as respostas eram negativas, peremptória e definitivamente negativas. Ele sabia que não era má vontade. Não havia e pronto. Acostumou-se a acostumar-se com o "não", o limite, a impossibilidade. Chamou àquilo "realidade". Era a realidade de uma família trabalhadora brasileira.

Por falar em trabalho, o pai achava que estava na hora de pôr o primogênito para trabalhar. Não via o futebol como trabalho ou perspectiva de carreira profissional. Era só jogo, a brincadeira que fizera seu filho perder anos de estudo, abandonar a escola e reduzir a meio expediente as oportunidades de emprego que eventualmente surgiam. Portanto, livre daquela ilusão de se tornar jogador de futebol, era tempo de o menino crescer e assumir suas responsabilidades.

A tristeza de Osvaldo foi colossal, mas, que fazer? Tinha de seguir em frente. Quem sabe, o Exército? Seu porte atlético, suas aptidões físicas, as boas maneiras, o respeito à hierarquia, sua personalidade reservada, tudo fazia crer que daria certo. A instituição o acolheu com o mesmo otimismo. Entretanto, o plano não vingou —nunca descobriu exatamente o porquê. Ele serviu ao Exército, mas perdeu a chance de se manter na carreira militar. Era mais uma derrota no currículo. Osvaldo já não se surpreendia. Aprendeu a escorar o fardo das desilusões com a crença de que era intelectualmente pouco dotado, inepto para aprender o que quer que fosse. Por isso, as reprovações que barraram seu caminho escolar bem antes de completar o Fundamental. Talvez decorressem das mesmas causas o veto à carreira militar. A hipótese corrosiva foi se adensando ao longo da trajetória até converter-se em convicção. Uma espécie de cláusula pétrea da descrição de si. Espelho do pai, espelho do fracasso paterno. Nem por isso tornou-se uma pessoa amarga, graças ao apoio da esposa, com quem se casou quando saiu do Exército, e à doçura da filha, muito apegada a ele, criada com ternura e dedicação, a quem ama acima de tudo. Para alguém que fazia um juízo tão crítico de si mesmo, que cultivava uma autoimagem tão rebaixada, até que o percurso biográfico de seu Osvaldo foi positivo, seja pelo matrimônio feliz, seja pela dádiva que era aquela filha abençoada. Profissionalmente, ele tampouco tinha razão para lamentar. O salário era diminuto, mas nunca lhe faltou, ao longo dos 23 anos em que tem estado empregado na mesma firma. Um casamento e um emprego até que a morte (ou a falência) os separem. A jornada estável e segura lhe bastava.

Não era essa a opinião do resto da família. O irmão e as irmãs subiram na escala social, uma delas se formou na universidade, os outros têm nível técnico elevado. A esposa não estudou, mas valoriza a educação. A filha, exemplo maior, influência mais poderosa, passara para a universidade e já cursava o segundo ano, para sua alegria, seu orgulho. Todos insistiam para que Osvaldo escapasse ao entorpecimento que o marasmo do cotidiano eternamente repetido provoca.

Ele precisava despertar do dia a dia letárgico, que lhe garantia segurança, mas o tolhia e aprisionava. Era imperativo voltar aos estudos. Inconcebível alguém "sem estudo" numa família afluente. Quem de fato gostasse dele, diziam os parentes, não poderia aceitar que ele se acomodasse, desperdiçando seu potencial.

"Que potencial?", Osvaldo indagava à filha: "Aos 53 anos, que futuro eu tenho?". "Vou te confessar", ele dizia, e a filha se comovia com sua franqueza: "Tenho vergonha de sentar numa sala de aula do Fundamental com gente jovem, gente muito mais nova do que eu, até adolescente. Não consigo nem imaginar uma coisa dessas". A despeito da reação, ele acabou cedendo e inscreveu-se no EJA da Maré para completar o Fundamental. Valia a pena tentar qualquer coisa para não decepcionar a filha. Inclusive o que lhe parecia inviável, acima de suas forças, além de sua capacidade intelectual. Ele faria o sacrifício por sua filha, embora temesse que o final viesse a ser ainda pior do que teria sido se ele apenas se recusasse a atendê-la e não se matriculasse. O final poderia ser a reprovação, confirmando a verdade do que ele pensava sobre si mesmo.

Osvaldo tinha razão. O primeiro dia na sala de aula foi aterrador. O segundo, assustador. O terceiro, angustiante. O mais grave era não conseguir se esconder. Se o professor ficasse falando e os alunos anotando, tudo bem. Ele já conhecia o processo e daria um jeito de passar desapercebido. Bastaria não chamar a atenção, ficar calado, não fazer perguntas, desviar o olhar quando o professor o encarasse, fingir ler algum caderno quando o mestre se aproximasse de sua mesa. Cumprimentaria os colegas na chegada e na saída, o mais formalmente possível. Ele daria lições de invisibilidade ao mais astuto dos fantasmas. Uma estratégia desse tipo tinha sido mais ou menos eficaz em sua infância e no começo da adolescência, quando abandonou a escola. Entretanto, o EJA não oferecia a ele nenhuma chance de sumir, recolher-se e adotar as técnicas da infância que haviam se revelado infalíveis na velha escola. O terrível era isso: não havia como furtar-se de participar de uma aula, no EJA da Maré. Em alguns minutos, ele já era chamado pelo nome. Os colegas e as colegas aprenderam rápido, e era Osvaldo pra cá, Osvaldo pra lá. Pessoal muito simpático, mas ele não queria estabelecer vínculos, falar, expor-se e, principalmente, opinar. Ter uma opinião, apresentá-la e defendê-la publicamente: três desafios em um. Ele não tinha estrutura para aquele nível de confronto com o que era, o que ele achava que era. Participar contrariava sua natureza. O nervosismo de Osvaldo era tal que as ideias, se é que as pudesse ter, fugiam e lhe deixavam a boca seca, o coração palpitando forte e um mal-estar desagradável. A energia que lhe restava ele direcionava não para dirimir um problema, responder uma pergunta ou se posicionar numa discussão, mas para manter-se firme, sentado, olhando os outros e sendo observado, fingindo que estava tudo bem, tudo normal. Correr dali ele não correria. A esse ponto não chegaria, mas voltar no dia seguinte já era demais.

Em casa, no primeiro dia, decidiu não voltar. Voltou. No segundo dia, tomou a decisão irreversível de não pôr mais os pés na sala de aula. Não era coisa pra ele, simplesmente. Por que se submeter a tamanho sofrimento, naquela altura da vida? A filha compreenderia. Voltou. Ao final do segundo dia de aula, a filha o esperava em casa, como fizera no primeiro dia. No terceiro, jurou que nunca mais. A filha dizia coisas muito sensatas, mas não se tratava de sensatez, era insuportável aquela experiência. Mas ele voltou outra vez. E nos dias subsequentes. Não se sabe a partir de que momento o medo começou a se dissipar e o gosto de estar com o professor e os colegas, pensando em ideias que nunca lhe haviam ocorrido, tornou-se mais forte do que a vergonha. Ele não saberia dizer quando, exatamente, aquelas sensações horríveis se diluíram, mas Osvaldo tem certeza de que algumas coisas foram essenciais para a mudança. Em primeiro lugar, havia um idoso, mais velho que ele, na turma, e duas senhoras da idade dele. E eles pareciam se sentir bem, agiam com naturalidade, não davam demonstrações de se preocupar com a idade. Outro fator foi o professor, que Osvaldo considera uma pessoa iluminada, com uma sensibilidade rara, um talento especial para envolver os alunos e fazer cada um se sentir respeitado, confiante e à vontade para falar e errar. Entre os mais jovens, havia uns dois meninos meio mascarados, se achando, esperando a primeira escorregada não só dos idosos, de qualquer estudante, para dar o bote e cair em cima, espezinhando e humilhando. O professor percebeu e furou o balão dos caras, que logo puseram a viola no saco. Acabaram se integrando e optaram por jogar um jogo positivo. A impressão que dava, Osvaldo pondera, recordando a caminhada, era de que aprender passou a ser tão prazeroso e significativo que os outros sentimentos, como a insegurança e a inveja, foram deslocados para segundo plano até evaporarem.

Além da mistura de idades e da competência do professor para fazer a turma aprender e se relacionar de um modo saudável, foi fundamental a metodologia. Os alunos se reuniam em pequenos grupos para fazer as tarefas, discutir um tema, responder algumas questões, e depois apresentavam seus resultados. Dentro dos grupos, cada estudante desempenhava uma função que variava a cada dia, de forma que todos os alunos e alunas tivessem a oportunidade de ocupar cada uma delas: avaliar, coordenar e socializar. Avaliavam a exposição do professor; coordenavam o acesso ao material a que poderiam recorrer para refletir sobre os temas; e socializavam, isto é, fazia-se com que os membros da equipe interagissem, assumindo as diferenças de visão, vivendo os conflitos resultantes da diversidade de opiniões, mas produzindo sínteses, no tempo disponível.

O giro constante entre as diferentes atribuições permitia que cada um experimentasse a dinâmica por distintos ângulos, conferindo rotativamente a todos o papel de liderança e o protagonismo.

Por isso, a estratégia de fuga que Osvaldo tentou aplicar nos primeiros dias de aula não deu certo, não poderia dar. Mas foi também por isso que ele sofreu uma transformação profunda e relativamente rápida. Não havia espaço para fugir, tampouco para ser desrespeitado. Instalada a atmosfera de liberdade e confiança, tornou-se possível, e depois até mesmo atraente, ousar dizer algo e aventurar-se a opinar, pensando com a própria cabeça.

A esposa de Osvaldo tem dito que ele está diferente, muito diferente. Sua filha concorda: a pessoa que elas conheciam está passando por uma metamorfose. Ele sente que há algo no ar, sim, senhor, uma espécie de deslocamento de placas tectônicas do ser que ele é, ou está sendo. Por enquanto, é cedo para descrever ou explicar, mas não resta dúvida de que Osvaldo não é o mesmo. Os outros membros da família confirmam essa impressão. E ninguém está decepcionado com a mudança, pelo contrário. Ele está mais leve, mais feliz e confiante, mais seguro, interessado em assuntos que antes lhe eram estranhos, como política, para alegria de sua filha, que por tanto tempo tentara convencê-lo de que política faz parte da vida de todos.

Osvaldo descobriu que um vizinho de rua participa do projeto social que foi objeto de um dos debates na sala de aula. Conversou com ele e foi convidado a visitar o local. Mudou sua relação com a rua, os vizinhos, a comunidade. A cabeça de Osvaldo está fervilhando. Concluiu, deslumbrado, que pode, sim, entender matemática e que a cidade é maior do que ele supunha ou que lhe fazia crer sua rotina limitada. Divisou um mundo novo. O conhecimento era mesmo transformador. Entendeu que não precisava se condenar ao antigo emprego, às velhas amarras. Desenvolveu planos e cultivou o desejo de seguir adiante. Planeja cursar o EJA do Ensino Médio, depois o vestibular comunitário e, quem sabe?, a faculdade de engenharia elétrica ou, se for muito difícil, um curso técnico que o especialize na mesma área. Acha que pode, acha que dá.

Osvaldo acreditando em si e querendo mais, isso é uma revolução. Sua filha tem muito orgulho do pai.

AMORA E A EDUCAÇÃO PELA PERDA

Amora não sabia se estava morta, mas, se duvidava, vivia. Custou a crer, entretanto, sob a chuva de tiros. Chegava a perceber o deslocamento de ar dos estilhaços. Os estampidos pareciam vir de dentro dela. Não sabia se era dor o que sentia ou se era a presunção da dor que ardia, queimava. Pior era a sensação de impotência, jogada sobre a sobrinha de dois aninhos que criava desde o décimo quinto dia de vida. Ela, que perdera seis filhos antes do nascimento — incluindo gêmeos, aos seis meses de gravidez—, que perdera a própria casa quatro vezes, que se acreditava blindada, tantos haviam sido os caprichos perversos do destino. Pois, ainda assim, sucumbiu ao desespero e, desabada no chão, escudo para a criança, deixou-se ficar imóvel, imaginando-se morta, incapaz de mover um dedo, temendo a infiltração lancinante de uma bala perdida em suas costas, em suas pernas, aguardando apenas a consciência explosiva da dor. A guerra cruzara o espaço palmos acima de sua cabeça. Colada a seu corpo, a garotinha trêmula e muda pelo pavor. Foram necessários alguns minutos, ela não tinha noção do tempo, para ousar mexer-se, erguer-se, tranquilizar a criança, balbuciando alguma palavra de conforto. Convenceu-se de que sobrevivera quando ouviu passos a seu lado, dando-se conta de que a vida, não só a dela, prosseguia. Entrar e sair da Vila Kelson podia ser perigoso. Amora nasceu e cresceu no Complexo do Alemão, vira muita coisa, mas nunca havia passado por nada parecido. Aquele dia dividiria sua biografia em duas partes, e disso saberemos depois.

Muitas vezes a vida prosseguiu, apesar de tudo. Essa constatação a tornava mais dura, pesada, e ao mesmo tempo mais leve e disposta. Afinal, que outras ciladas o acaso lhe poderia aprontar? Amigas céticas não faltavam: tudo pode sempre piorar, o fundo do poço é mais fundo. Portanto, sua cota não estaria necessariamente cumprida. Amigas otimistas compensavam o fel dos prognósticos depressivos, recordando sua incrível aptidão para recomeçar, sua força vital inabalável. De todo modo, foram difíceis os momentos cuja travessia a amadureceram precocemente. A começar pelo pai, que trouxe de Minas o ferro na alma e lá deixou tudo o que, no mundo, é porosidade e comunicação. Agarrado a preconceitos, travestidos em valores conservadores, agressivo, principalmente quando bebia (e não raro voltava encharcado), impôs sua autoridade antes por medo e violência que por respeito e afeto. A mãe não foi colo, conforto, abrigo ou alento. Também era vítima da tirania masculina e, ao contrário da filha, que se rebelaria, resignou-se, abdicou de si mesma, sacrificou a própria vontade para não pôr em risco o casamento e a estabilidade do lar. Lar que nunca houve, de fato, porque jamais acolheu a filha plenamente. Amora não entende por que a mãe não se postava com mais nitidez em sua defesa, testemunhando destemperos sucessivos e o tratamento injusto recebido do pai. Não havia dúvida de que o preferido do pai era o filho homem. Amora sempre adorou esse irmão, única e verdadeira referência de afeição familiar incondicional. Ela reconhece suas virtudes, mesmo assim o pai não precisaria privilegiá-lo tão ostensivamente. Esse irmão ela quase perdeu, adolescente, atingido por uma bala que o encontrou, aleatoriamente. Os moradores sabem que a vida, nas comunidades cariocas, dependendo de algumas circunstâncias, pode estar por um fio, como se todos caminhassem sob a mira randômica de uma roleta russa, embora, aqui, a loteria da morte não se submeta ao arbítrio dos deuses do Olimpo, mas aos desígnios de grupos armados que servem ao Estado ou ao crime, ou a ambos, quando e onde o legal e o ilegal se fundem e confundem.

Aos 14 anos, Amora foi expulsa de casa. O pai a deu por perdida, jogou na rua suas roupas, bateu a porta. Ela encontrou abrigo na casa do namorado, que, aos 19 anos, morava com os pais e lutava Muay thai. Tentou não se desviar da rotina escolar, tediosa, mas cuja importância não subestimava. O problema eram os ciúmes do namorado, agressivo como o pai de Amora. Aprendeu lição mais amarga do que a matemática contra a qual se batia: amor também adoece. Não lhe restava escolha, optou pelo atleta, a despeito da violência que a feria e intimidava, porque permanecer na escola teria implicado separar-se e perder a segunda casa. Mesmo fora da escola, os ataques não cessaram, nem as fantasias de traição, porque ela passou a trabalhar numa pizzaria, cenário ainda mais propício para os roteiros delirantes que o ciúme engendrava. Surras se sucederam, gerando uma atmosfera de pavor. Ante a impossibilidade de levar adiante a relação e o medo de interrompê-la, Amora sufocava. A situação tornou-se tão grave que os pais do namorado intervieram, intercedendo por ela: mandaram-no para fora e a mantiveram em casa. Foi inexorável sentir-se culpada. Experimentava a expulsão pela segunda vez, agora por intermédio de outra pessoa. Não conseguia se desfazer do sentimento de responsabilidade pelo desenrolar da trama. Era grata por a terem defendido e acolhido, todavia não lhe parecia justo ocupar o lugar do filho. Por um lado, queria voltar a estudar, apesar da insatisfação com o universo escolar; por outro, intuía que o momento era propício a um recomeço radical. Aquela poderia ser a oportunidade de virar a chave, mudar de vida, saltar para dentro do mundo adulto.

Amora tinha 18 anos e o desejo de mandar no próprio nariz. Foi morar com cinco amigas e esbaldou-se em festas, churrascos e bebidas por quatro meses, até encontrar o homem que a acompanha até hoje, parceiro da longa travessia. O plano era comprar um lote e construir uma casinha no Alemão, de onde não é preciso sair, porque ali se encontra tudo. Um país, uma cidade, o Alemão. Vida de casada, enfim. Para ajudar o parceiro a juntar dinheiro e viabilizar o projeto de uma pensão na Vila Mimosa, foi trabalhar no apoio logístico e cuidar para que o cadastramento das prostitutas não fosse mal compreendido. O propósito não era extorquir ou constranger, mas dispor das informações que as salvassem do sepultamento como indigentes, procedimento comum por ausência de dados pessoais nos casos de morte, que eram dramaticamente frequentes no local. Como comunicar às famílias? De onde vinham aquelas mulheres tão vulneráveis? Amora tratava do cadastro e supervisionava as atividades e os empregados. A pensão não chegou a despontar como um prodígio de gestão e retorno financeiro, mas houve motivos bastante peculiares para o insucesso. O principal foi o desentendimento do marido com a sócia, nos cálculos em torno dos primeiros prejuízos. Por outro lado, a experiência começava a se mostrar frustrante quando alguns fregueses confundiam a supervisora com as profissionais do sexo. O marido de Amora ofendia-se e revidava, arriscando a vida e a estabilidade econômica do empreendimento. Nunca foi fácil ser pequeno empresário no Brasil.

A despeito da brevidade do negócio, acumularam o suficiente para erguer a casinha onde seriam felizes para sempre, não fora a selvageria do Estado. Em 2010, em nome de política pública popular, democrática e distributiva — a edificação de prédios do PAC, "Minha Casa, minha Vida" —, desapropriou o terreno. As autoridades fizeram o obséquio de avisar, por agentes credenciados, que as residências seriam demolidas em 48 horas. Amora e seu marido foram expulsos de sua casa, aquela que construíram com seu trabalho, na qual puseram o que tinham de melhor: sonhos, esperança, afeto, juventude, energia criativa, vitalidade, disposição solidária e cooperativa, potência e tempo. Receberiam em troca um apartamento num dos edifícios do novo conjunto residencial que seria erguido e que, até hoje, é apenas uma placa, anunciando a construção que nunca houve. A promessa não foi cumprida. Em troca de tudo o que possuíam, exceto a vida e as relações, recebem, como seus vizinhos, o pagamento de quatrocentos reais mensais, o aluguel social. Foram rebaixados de proprietários a párias e esse crime não se chama crime, mas política pública. A brutalidade do despejo não se nomeia vandalismo, mas ação pública judicialmente autorizada. Amora e o marido abandonaram os móveis com que preencheram seu espaço doméstico ao longo dos últimos anos, peça a peça, de acordo com os recursos limitados que reuniam. Simplesmente, não tinham para onde levá-los. Eles foram destruídos pelos tratores em poucas horas, enquanto as casas ruíam como castelos de cartas sob as patas das bestas de aço, sob o cerco policial. Amora recusou-se a testemunhar aquele ensaio geral do apocalipse.

Como foram fortes essas pessoas que perderam o que tinham, atropeladas pelo desatino de governantes e tecnocratas, amparados pela justiça mais iníqua. Fortes porque não enlouqueceram, não se deixaram ferver no ódio envenenado. Quão fácil foi destruir vidas alheias em nome do bem comum. Tais pensamentos não ocorrem a Amora, não com frequência. Ela não tem tempo a perder chorando o leite derramado, se já perdeu tanto. Não à toa, afinal, sua escola foi a pedagogia da perda. Foi treinada pelo pai a saber-se despojada do que supusera possuir. O Estado a disciplinou para olhar a morte nos olhos com frieza, quando a segurança lhe foi negada, dia após dia, noite após noite, forçando-a a desviar-se dos homens em armas, uniformizados ou não — o episódio relatado acima não foi único, apenas o que marcou uma inflexão, de que se tratará adiante.

Amora tem só 30 anos, uma menina, ainda. Não obstante, o destino a lançou numa corrida de obstáculos que ela tem vencido com destemor. Os homens tentaram lhe ensinar a subordinação pelo terror. Na primeira casa, paterna, de que foi expelida; na segunda, da qual se sentiu instada a sair porque pertencia a seu algoz; e na terceira, que lhe foi roubada e demolida pelo grande pai arquetípico, o Estado, suposto detentor monopolista da violência. O elenco de machos hostis não incluía o homem que ela escolheu para se casar e o vínculo resistiu ao desmoronamento.

Seguiram juntos, duas maletas nas mãos, para a casa da sogra, no Morro da Providência. A mãe do marido os recebeu, abrindo longa temporada de conflitos com a nora, aos quais o casal se resignou por absoluta falta de alternativas. A sogra de Amora amargara trajetória repleta de desgostos e asperezas, trabalhando como prostituta no Cais do Porto, que lhe deixara, entretanto, frutos valiosos: três filhos em diferentes países da Europa. A mais moça voltou ao Brasil e se encantou por um rapaz do movimento, proscrito, correndo à margem, em sobressalto. Tiveram uma filha, a menininha que Amora manteve sob o corpo quando se prostrou para evitar os tiros. A cunhada decidiu deixar o país logo depois do parto e Amora, residindo com a sogra, adotou-a, informalmente. O que no começo soava como gesto nobre que suscitava gratidão, aos poucos provocou ciúme e, finalmente, a ira da velha senhora. Mais um motivo de disputa e tensão, que foi tornando o convívio insuportável, a despeito da personalidade estóica de Amora.

Quando a criança tinha três anos, outra perda, esta especialmente dolorosa: a mãe do marido, fora de si, a denunciou à polícia por sequestro e só lhe restou devolver a menina à sogra. Entregou-a com uma poupança de quatro mil reais, soma que juntou ao longo dos anos e que lhe foi paga, mensalmente, pelos companheiros de trabalho do pai da criança. Também há ética no crime. Todavia, em função da origem do dinheiro, ela se recusou a usá-lo. Chegara ao limite a convivência com a sogra. Amora e seu marido voltaram ao olho da rua, depois de oito anos.

Era tempo de ousar, voltar ao início da história, retornar à casa paterna de Amora. Acertaram-se. O pai "autorizou" a compra do terreno, pago por Amora e sua mãe, e a construção de um quarto e um banheiro na laje. Ela ganha o suficiente e o marido passa metade do mês embarcado, trabalhando na Marinha Mercante. Não foi a melhor escolha. O pai não se converteu ao respeito e ao apreço pela filha.

O futuro promete novas emoções, nem sempre agradáveis. Mas talvez mais do que nunca, em seu itinerário de reviravoltas e perdas, Amora está disposta a recuperar uma perda de efeitos devastadores, sobretudo a longo prazo: a escola, os estudos, o investimento no conhecimento, a aposta decisiva em si mesma e em seu futuro. Quando se jogou no chão entre tiros, agarrada à criança, assim que recobrou a lucidez, dando-se conta de que sobrevivera com a menininha, jurou que ali recomeçaria sua jornada no planeta Terra e que o ponto de partida seria a retomada dos estudos. Nada a faria recuar dessa vez. Por isso, no dia em que ouviu o carro de som anunciar a oferta gratuita do curso da Fundação Roberto Marinho com a Redes da Maré, o EJA, anotou correndo as informações e se inscreveu. A experiência tem sido tão transformadora, rasgando tantos horizontes, que Amora se prepara, agora, para seguir rumo ao Enem e à faculdade de serviço social. Está convencida de que sua vocação é ajudar as pessoas, mesmo que sua remuneração venha a ser inferior ao que lhe paga a funerária, que a emprega há alguns anos e lhe proporciona o contato com a dor de tanta gente.

Amora acha que veio ao mundo para confortar quem sofre e ajudá-los a superar suas perdas, assim como ela tem sido capaz de fazê-lo com a força que Deus e a solidariedade coletiva lhe deram.

O AVESSO DA PRISÃO

O dia estava quente, como são quentes os dias em Gericinó, onde está situado o complexo penitenciário carioca. Para Leo, o clima parecia ameno, depois de um ano a cinquenta graus, tentando respirar no meio de 180 homens amontoados numa cela para 50. O principal objetivo do preso é sobreviver. O segundo é não deixar que o medo, o ódio e o desespero destruam a dignidade, o autorrespeito e o último fiapo de esperança. Fechou e abriu os olhos até se acostumar com o clarão e comprovar que era mesmo real, estava livre. Ficou ali parado. Sua mãe não tinha sido avisada. Ninguém o esperava. Ele sabia que não haveria ninguém, não poderia haver, mesmo assim se sentia decepcionado. Uma solidão do tamanho do deserto. Deixou-se ficar assim, quieto, imóvel, não sabe por quanto tempo, até que uma senhora tão negra quanto ele, mas muito mais velha, aproximou-se e lhe perguntou se precisava de alguma coisa, se ela poderia ajudar. Leo não tinha resposta. Ela insistiu: "Quer alguma coisa, moço?". Sem pensar, ele disse, ou melhor, uma voz que era a dele, rebelde a seu controle, sussurrou: "Um abraço". A mulher o abraçou como se abraça o filho que volta da guerra, e Leo chorou. Ela murmurou ao pé de seu ouvido: "Parabéns, meu filho, você está pronto pra recomeçar a vida".

Leo enxugou os olhos com o punho direito, passou a língua no lábio salgado e pôs-se a caminho. Andou alguns quilômetros até a favela mais próxima, dominada pela facção a que se filiara antes de ser preso. O sol derretia suas ideias. Desistiu de recordar o passado e planejar o futuro. Só desejava molhar a cabeça, beber água e rever a mãe. Pediu aos rapazes do movimento o trocado para o ônibus e tomou copos e copos.

O transporte o levou à Avenida Brasil. Mais alguns quilômetros a pé, estaria na Maré. Chegou em casa. Anoitecia. Lá estava a mãe e toda a felicidade do mundo. Dona Maria do Céu nunca lhe faltara, embora não fossem íntimos. Antes da prisão, Leo cultivava, em família, a distância e o silêncio. Em parte, porque se inclinara, muito cedo, para o lado errado, imitando o pai, que morrera jovem em conflito entre traficantes. Era um deles. Leo tinha dois anos de idade. A mãe não podia oferecer aos filhos mais do que a comida decente e o lugar pra morar. Ele desejava outras coisas. Nada que sugerisse grandes ambições. Um par de tênis, uma camisa bacana, dinheiro pra balada e pra ver seu time no Maraca. Estudava como os meninos de sua geração. Seu desempenho era mediano, assim como os seus sonhos.

Frustrado, primeiro tentou entrar na linha e trabalhar. Após algumas experiências de elevadas exigências e baixa remuneração, fez as contas e concluiu que não valia a pena. O tráfico pagava melhor. Sem comparação. Cada encomenda que entregava correspondia a seis meses de trabalho honesto. O pessoal do movimento encomendava produtos, como carros e cargas, e ele providenciava, em parceria com a equipe especializada nos roubos. No começo, tremia, o coração quase saía pela boca. Com o tempo, aprendeu a agir com frieza. Tornou-se especialista. Um profissional. Não que desprezasse a dimensão humana desse negócio. Nunca assaltou idoso e pobre. Sabia escolher as pessoas certas, ou seja, aquelas às quais não custaria muito repor a perda. Evitava violência. Cada empreitada, seis mil reais. Leo dá essas explicações, mas não considera seus atos justificáveis. Não esconde que se arrepende desse capítulo sujo de seu passado.

Certa vez, viu-se em maus lençóis, quase foi em cana. Escapou por um triz. Até que aconteceu. Cercado pela polícia, houve tiroteio, estilhaços atingiram sua vista esquerda. O dano foi irreparável. Ele dirigia o carro, não portava arma, mas seu companheiro estava armado, o que bastou pra condenação. Os piores meses foram os primeiros. Do hospital o levaram para o presídio Ary Franco, localizado no bairro de Água Santa, responsável pela triagem e porta de entrada no sistema penitenciário do Rio de Janeiro. Dante descreveria aquela masmorra como a porta de entrada do inferno, encimada pelo verso "deixai toda esperança, vós que entrais". Foram 60 dias de terror no subsolo. Quase uma cova coletiva pra indigentes num campo de concentração.

O lado bom da cana, se é que haja algo positivo no inferno, foi o estreitamento do vínculo com a mãe. Desde que ela se casara, afastaram-se, porque o padrasto se portava de modo desastrado e hostil. Bebia, consumia drogas e atemorizava o pequeno Leo, aos 11 anos. Uma noite, atraído pelos gritos, testemunhou o sujeito bater em Maria do Céu. A cena foi tão chocante que nunca esqueceu. Faz-lhe mal lembrar. Leo jamais levantaria a mão contra mulher alguma. Nada lhe parece mais aviltante e covarde. Demorou bastante a reconciliação com o esposo da mãe, a que ele, hoje, chama "pai". Foi preciso que o tempo cicatrizasse a memória, que o padrasto deixasse de beber e se drogar, e mudasse radicalmente o comportamento. Entrar para a igreja da mãe foi o passo decisivo na transformação, é a avaliação de Leo. Não que a religião mereça dele grande apreço. Crê em Deus, mas não se identifica com as crenças, as normas e a liturgia. Talvez porque o avô, para castigá-lo, o obrigasse a se ajoelhar no milho e ler a Bíblia. Apesar do estabelecimento da paz com o novo pai, Leo aprendeu a manter a família a distância. Era um método que tinha dupla utilidade: a reserva preservava a privacidade e garantia sua independência na rua.

A prisão mudou muita coisa e dividiu sua história em duas partes. Toda quinta-feira, dona Maria do Céu se submetia ao ritual de humilhação para visitá-lo. Agachar-se nua e ouvir insultos e palavrões eram o preço que pagava por ter parido um detento e se recusar a abandoná-lo. A pena estendia-se à família dos sentenciados e mesmo dos ainda não condenados, e eram muitos os que haviam sido empilhados no cofre claustrofóbico, esquecidos pela burocracia judiciária, vítimas do instituto da prisão provisória estendida indefinidamente, sem julgamento, por inércia. Até a marmita em que levava um agrado era revolvida sem higiene e cuidado com o propósito ostensivo de amassar o alimento, reduzi-lo a massa amorfa e suja que mal podia ser aproveitada. Nada interrompeu as visitas da mãe de Leo. Nos encontros, conversaram sobre assuntos que antes eram tabus. Os crimes, as drogas, o envolvimento no tráfico, a desdita do pai biológico, a infância e a adolescência em casa e nas ruas da Maré, possibilidades futuras. Eram duas pessoas que dialogavam, que sempre haviam sido mutuamente importantes, mas que aceitaram conviver divididas por um muro de silêncio, contenção e mentiras. Maria do Céu era o elo de Leo com o mundo exterior. Ele duvidava que a mãe soubesse quão grato ele era por aquelas viagens semanais à longínqua Zona Oeste.

Leo saiu da penitenciária decidido a romper com o crime e construir um futuro de que seus filhos, algum dia, viessem a se orgulhar. Não esconderia nada do que fizera, do que lhe acontecera, e assim lhes ensinaria a resistir à sedução exercida pelo tráfico. Ensinaria, também, a recusar preconceitos. Demonstraria que nunca é tarde pra mudar e que, mesmo no submundo da violência, existem valores virtuosos e qualidades morais. Elas convivem com seu avesso. A lealdade, por exemplo, ou a coragem.

As pessoas são contraditórias. Talvez por isso haja, dentro de cada uma, potenciais de mudança, para um lado ou para o outro. As pessoas não são, definitiva e irreversivelmente, uma coisa ou outra. A gente julga atos, não pessoas. Praticando determinado ato uma pessoa pode manifestar um aspecto seu, praticando outro ato pode revelar outro aspecto, diferente e até mesmo oposto ao primeiro.

É assim que Leo interpreta o pagamento mensal de quinhentos reais que recebeu desde que foi preso até completar 21 anos. Ele entregava à mãe para ajudar nas despesas da casa. Leo não denunciou ninguém e sua lealdade foi recompensada. Os antigos companheiros também foram leais a ele e jamais criaram dificuldades para que mudasse de vida.

Quando voltou à Maré, Leo estabeleceu para si duas metas: retomar os estudos e conseguir um emprego. Abandonara o Ensino Médio aos 16 anos. A escola ficava na Ilha do Governador. Leo jogava bem futebol e era faixa roxa no jiu-jítsu. Na final do campeonato de futebol, sua equipe brigou com os adversários e Leo quebrou o braço de um deles, que por acaso era filho do irmão (segurança) do dono do Morro do Dendê. A partida foi reiniciada e o time de Leo venceu. No dia seguinte, quando os campeões chegaram ao local em que se realizaria a premiação, foram surpreendidos por trinta homens armados que os conduziram à presença do chefe do tráfico. Diante dos garotos apavorados, estendendo ao limite a tensão, finalmente pronunciou a sentença: deixaria que o segurança decidisse, já que se tratava de uma querela familiar. O pai do jogador cujo braço fora fraturado decretou que nenhum deles nunca mais poderia pisar na Ilha do Governador, a partir do dia seguinte, o que significava que teriam de sair da escola, imediatamente. Com o semestre avançado, a solução para Leo foi matricular-se no curso noturno que um colégio na Maré oferecia. Leo não conseguia estudar à noite e acabou sendo reprovado, o que o fez desistir da educação formal. Agora, retornando à Maré, haveria de achar um caminho.

O caminho se abriu graças a um encontro mágico com uma mulher iluminada que arrebatou seu coração e subverteu convicções de Leo que, antes, pareciam inabaláveis. Por exemplo, a certeza de que não deveria se casar tão jovem, aos 21 anos, sem ter completado os estudos e alcançado uma posição profissional razoavelmente estável. Seria difícil, porque, nas palavras do próprio Leo, os patrões não contratam jovens pretos. O preconceito é forte. Racismo é uma barreira quase intransponível. Seria muito difícil, portanto, mas ele estava determinado a cumprir os planos.

Ocorre que, às vezes, um acontecimento derruba barreiras e planos. Por exemplo, deparar-se, de repente, com a mulher de sua vida. O amor levou tudo de roldão. Apaixonado pela moça mais velha e bem mais madura do que ele, Leo não hesitou em cancelar as decisões anteriores e mudar-se para a casa dela. Tudo que queria era ficar com aquela mulher que o encantara e despertara o melhor que havia nele. Ela só fazia duas exigências: que ele nunca mais se envolvesse com os velhos parceiros e voltasse a estudar pra valer, seriamente. O emprego, ele acabaria encontrando. E seria provisório, porque, formado, as oportunidades se multiplicariam. Por estudo sério ela entendia faculdade.

O casamento abriu para Leo um universo cultural que ignorava, novas experiências e ideias, as artes e a natureza. Ele passou a evitar o baile funk, onde, inevitavelmente, encontraria velhos amigos e ouviria antigos cantos da sereia. Amarrou-se ao mastro, como o protagonista da "Odisseia", e acompanhou a mulher, habituada a frequentar festivais de rap e hip-hop.

Maria do Céu trocou a Maré por um bairro próximo, onde havia menos armas, invasões policiais, tiroteios e balas perdidas. Não queria que a filha adolescente convivesse com os rapazes do tráfico, nem com os brutamontes milicianos. Antes de deixar a comunidade, ouviu falar do projeto da Fundação Roberto Marinho e da Redes da Maré, o EJA. Era a senha pro futuro. Compartilhou a informação com a nora, que não sossegou até convencer Leo a se matricular. Quando sentiu que ele, embora dizendo-se convencido, poderia refugar e perder a data limite para a inscrição, reuniu os documentos e fez, ela mesma, a matrícula em seu nome.

Leo confessa que jamais imaginara que houvesse aulas tão estimulantes e criativas. Afirma que o EJA da Maré é o inverso da prisão. Nunca se sentiu tão livre. Enquanto a prisão põe uma pedra no futuro para que sejam pagos erros do passado, o EJA põe uma pedra no passado para que ele não pese sobre o futuro, esmagando novas oportunidades e chances de mudança. Erros passados não podem anular o potencial que as pessoas possuem para imaginar uma vida diferente, reconstruir relações e inventar, para si e pros outros, novos mundos possíveis. EJA é o lugar em que os preconceitos não se reproduzem. Eles são sistematicamente esterilizados.

DESASSOSSEGO

A vida não é fácil pra ninguém. Dora sabe e não lamenta. Teria motivos, mas prefere gastar a reserva de energia para ajudar os outros e se manter saudável, deixando de lado o passado. Afinal, há seis anos — hoje tem 47 — não sofre uma daquelas crises de pânico e ansiedade.

Ela não era assim, nunca tinha se deixado abater, até que, aos 26 anos, a guerra começou, a guerra da Maré. Desde que viu pessoas serem mortas na porta de sua casa, alguma coisa aconteceu. Foi tomada pelo horror. A imagem do cadáver, as explosões, os tiros, as vozes em desespero, a cena grudou em suas retinas e não cicatrizou. Foi como se ela tivesse sido apunhalada. O coração despedaçou. Não era nada racional, que se pudesse explicar. Não é que sua cabeça tivesse sido ocupada por ideias tristes. Eram sentimentos ruins, emoções que vinham de repente, sem aviso. Sem quê nem pra quê, um gatilho interno disparava o jato gelado de veneno. O ácido espiritual corroía suas forças e a paralisava.

Quando a gente sente medo de alguma coisa, se esconde e foge. Mas quando a gente tem pavor sem identificar a causa, como se esconder? Pra onde fugir? Se o que a gente teme está dentro da gente, não tem saída. Aonde quer que ela fosse, o temor e sua causa a acompanhavam. Foi assustador, principalmente a primeira crise, para a qual Dora sequer tinha um nome. Nunca ouvira falar em síndrome do pânico. O que seria aquilo? O marido a levou ao hospital.

Trêmula e frágil, as palavras do médico soaram como um soco no estômago: você não tem nada; vai pra casa e come um bife a cavalo.

Foi um período longo, complicado. Não podia trabalhar, mal conseguia pôr os pés na rua. Finalmente, lhe sugeriram o remédio que a tirava das crises. De posse do medicamento confiável, tornou-se mais confiante. A segurança inibia a fonte do medo, que talvez fosse o próprio medo. Quer dizer, Dora tinha medo de ter medo. E assim controlou o desespero que a condenava à depressão.

Quando as pessoas falam em violência, geralmente não incluem no pacote os efeitos indiretos no equilíbrio emocional da população. Os crimes se contam por números, mas suas consequências são inumeráveis, sobretudo as que atingem as vítimas por dentro, no plano mental. Pode-se perder um braço na batalha e a vida continuar, e pode-se perder a paz e a vida desandar. As histórias reais das pessoas requerem o uso da lupa, não do telescópio. Quem sobrevoa a comunidade de helicóptero perde as nuances, os detalhes, as individualidades e as diferenças. Enxerga só a massa amorfa indiferenciada. Lá de cima, é mais fácil matar e impossível conhecer.

Dora melhorou e voltou à gráfica do bairro, onde já trabalhava antes de adoecer. A empresa não assinava a carteira das mulheres, só dos homens. Ela fazia jornada dupla, sem contar as tarefas domésticas. Separada, morando com os pais, cumpria o horário diurno, das nove às dezessete horas, ia para casa ajudar a mãe, e voltava para a segunda etapa, das oito da noite às duas da manhã. Aguentou essa batida estafante por quase dez anos, até que a gráfica se mudou para outra localidade e demitiu todas as mulheres. Quanto tempo perdido, ela pensa, calculando o que lhe reservará a nova legislação da previdência.

Dora casou-se pela segunda vez há oito anos. Um reencontro feliz: o casal se conhecia desde a infância. Dora e Cláudio celebraram a primeira comunhão juntos. A comunhão era seu destino. Tiveram três filhas. Durante bastante tempo, Dora fez bicos como manicure. Hoje comanda um pequeno salão de beleza.

Os pais de Dora vieram da Paraíba quando a Maré ainda era um arquipélago de palafitas, sobrenadando o esgoto a céu aberto. Ela, adolescente, os ajudou a construir a primeira casa de alvenaria. Seu pai, seu herói até hoje, era serralheiro e analfabeto, mas dotado de inteligência e talento para a matemática, que legou aos cinco filhos. Dora não tem como negar a facilidade nos cálculos. Sua mãe era costureira e sempre foi sua melhor amiga. Queria que a filha estudasse, mas a relação de Dora com os estudos foi acidentada. Quando, aos 14 anos, engravidou, abandonou a escola e saiu em busca de sustento para auxiliar os pais, dispostos a dividir com ela e o então esposo a criação da criança. Teve a primeira das quatro filhas aos 15 anos, descansou uma semana, e voltou à labuta. Não podia mesmo ter permanecido no colégio.

Era o que pensava na época. Agora, tem outra opinião. Suas filhas cursaram, estão cursando e a mais nova, aos 17 anos, prepara-se para cursar a universidade, o que a faz sentir-se realizada, embora desejasse que a realização fosse mais generosa e a incluísse como beneficiária direta. É gratificante ser feliz por ver as filhas felizes, suas princesas, que já lhe deram seis netos. É delicioso saborear o orgulho por vê-las avançando nas profissões que escolheram e no acesso ao conhecimento. Ela é parte do sucesso das filhas. Colaborara com trabalho e dedicação incansável. Porém, no fundo, também queria experimentar em si mesma o desenvolvimento intelectual. Queria abrir outras portas, deslindar novos horizontes. Seus irmãos a inspiravam e suas filhas a incentivavam.

Dora percebeu que o sonho poderia se tornar real ao saber que poderia completar a educação Fundamental em pouco tempo, no EJA, e que a Fundação Roberto Marinho e a Redes da Maré haviam se unido para oferecer o curso, gratuitamente, com excelentes professores — era o que se anunciava e ela comprovou que não era exagero. Dora hesitou, temeu estar demasiadamente defasada, depois de 33 anos longe dos estudos, teve medo de não conseguir. Só no último dia, decidiu se inscrever. Foi uma correria. O empurrão final ela deve às filhas, ao pai e ao marido. O que teria sido de sua vida se faltasse aquele impulso? Contemplando tantas possibilidades para o futuro, que hoje lhe parecem tangíveis, ela imagina o que significaria para sua vida ter perdido a chance de vislumbrá-las.

Dora tem plena consciência da importância de sua experiência no EJA. Sente-se mais jovem. Não vacila em afirmar que o EJA mudou sua vida. Antes, supunha que os dias à frente seriam dedicados a acompanhar a evolução dos netos. Agora, aposta também em sua própria evolução. O futuro lhe parecia um funil, estreitando-se gradualmente. Hoje, faz planos para o Ensino Médio, o vestibular comunitário e a faculdade de serviço social. Ajudar os outros é sua vocação, ela diz, e seu dever, em retribuição a tudo o que o destino lhe tem proporcionado. Ela sabe que a vida não é fácil, nem será, mas reconhece que olhar para o futuro com esperança é um privilégio. Sobretudo, atualmente.

Essa convicção deriva da tragédia que ela testemunha, dia após dia. Há alguns anos sua mãe sofre do mal de Alzheimer, que representa um dos padecimentos mais dolorosos para o paciente e sua família. Desde logo, porque gera uma situação paradoxal: a pessoa está viva, mas não é mais a pessoa que se conhece, com quem se conviveu ao longo da vida. Ela está lá e não existe mais. A mãe, sua melhor amiga, não reconhece Dora. Tampouco o pai de Dora é reconhecido pela mulher. Essa decomposição da consciência transcorre diante da filha, no momento em que ela amplia sua consciência, enriquece seu estoque de conhecimentos, antevê futuros promissores, e pressente alargar-se o horizonte.

Lidar com essa contradição tem sido o maior desafio para Dora. A tarefa quase sobre-humana é não se deixar esmagar pelo sofrimento materno, não o negar tampouco, mas permitir que ele conviva com a alegria das descobertas e das mudanças. E são tantas. A principal talvez tenha sido admitir os próprios preconceitos. Ela sempre fora refratária ao racismo e havia enfrentado conflitos domésticos quando, contra a vontade do pai, casou-se com o primeiro marido, um homem negro. O pai de Dora o via com desconfiança. Ela amava e admirava o pai, mas não podia aceitar o racismo, uma postura absolutamente abominável. Felizmente, o pai se transformou, graças a uma amizade profunda que atravessou décadas com um homem negro. Ambos se encontraram na devoção por Nossa Senhora de Aparecida. O fato é que o racismo nunca passou perto de seu coração e de suas concepções sobre o mundo. No entanto, outros preconceitos, sim, rondaram sua sensibilidade. No EJA, Dora aprendeu a valorizar a diversidade e tem exercitado sua capacidade de observar criticamente seus próprios conceitos e valores, desconfiando de suas primeiras reações ante fenômenos e escolhas que lhe provoquem um sentimento de estranhamento. Ela está, portanto, desassossegada, e feliz com isso, depois de crer, durante anos a fio, que o ideal a perseguir é o sossego.

QUERO SER IGUAL A ELES

Há histórias que podem ser contadas de trás para a frente ou em ziguezague, com idas e vindas, sem prejuízo da compreensão. O relato sobre a vida de Marcos exige fidelidade à ordem cronológica, como ficará claro na sequência. Ela começa com uma família feliz, o pai dando duro na Comlurb (Companhia Municipal de Limpeza Urbana), a mãe trabalhando como faxineira, os dois filhos, Marcos e Marcelo, aplicados e disciplinados, bons alunos na escola. Tolstói, o grande romancista russo do século XIX, dizia que as famílias felizes se parecem, são felizes da mesma maneira. As infelizes o são cada uma a seu modo. No caso narrado aqui, a infelicidade foi se infiltrando e tornando a família de Marcos muito diferente das demais.

Nos primeiros anos, nada distraía Marcos de seus deveres escolares. Seu caderno atestava o rigor com que se dedicava aos estudos. A professora elogiava, os pais se orgulhavam e Marcelo, dois anos mais novo, se espelhava no exemplo do irmão. Um dia... há sempre um dia que desafina, precipitando mudanças inesperadas, que acabam detonando a paz e o equilíbrio. Afinal, sem conflito não há boas tramas, os personagens não crescem e os leitores perdem o interesse pelo fio da meada. Romances e roteiros costumam seguir essa cartilha. Se foi Deus quem escreveu o enredo que Marcos encarnaria ao longo de sua trajetória, também Ele se inspirou no padrão tradicional das narrativas literárias e dramatúrgicas. Afinal, se Ele tudo pode, pode também não ser original. Pois bem, chegou o dia da inflexão, o momento da virada que daria origem a tempos de tormenta.

Marcos estava sentado na sala de aula ao lado de uma colega por quem nutria uma simpatia especial. Ele tinha dez anos, cursava a quarta série do Ensino Fundamental e seu caderno continuava um brinco, como diziam seus avós cearenses, que ele admirava tanto. O povo cearense é trabalhador e honesto, eles também diziam. Marcos se sentia legítimo herdeiro daquela brava linhagem de pessoas honradas. Ele virava as páginas repletas de seu caderno: anotações, deveres de casa completos, registros das datas das provas, apresentações dos conteúdos. De vez em quando, arriscava uma espiada na colega, curioso, procurando a oportunidade de puxar assunto, aproximar-se, conhecê-la melhor. Numa dessas, percebeu que seu caderno estava em branco. Era a chance esperada: "Você não anota nada?". "Pra quê?", ela respondeu: "Não ia adiantar. A professora não ia ver mesmo." Taí, realmente, ela tem razão, pensou. Sentiu-se meio sem graça. Fizera papel de bobo aquele tempo todo. A troco de quê? A professora não ficaria sabendo se ele não fosse mostrar. Pronto, estava decidido, caderninho bonitinho, certinho, era coisa de babaca. Estava na hora de passar sua vida a limpo, tratar de crescer, se enturmar com o grupo dos amigos daquela menina tão mais esperta que ele, e deixar de ser criança.

Aos poucos, começaram a surgir situações embaraçosas. Marcos não conseguia entender as questões das provas, não sabia mais a que a professora se referia, e a sucessão de lapsos impedia que ele compreendesse novos pontos da matéria. No início desse processo inaugurado pelo abandono do caderno, ele ainda hesitou e tentou alguns movimentos de recuo, mas desistiu quando concluiu que seria impossível recuperar os temas perdidos. Os conteúdos que antes eram translúcidos e simples, mostravam-se, agora, impenetráveis. Algumas vezes, antes de chutar o balde definitivamente, ele tomou coragem e perguntou à professora. Não entendendo a resposta, arriscando-se a ser humilhado pela zombaria dos colegas, insistiu. Não compreendendo a segunda resposta e já pressionado pela impaciência dos demais, atmosfera que antecipava a onda de escárnio, calou-se. A angústia o foi empurrando para o fundo da sala, onde estavam os fanfarrões, em geral mais velhos, que tampouco acompanhavam as aulas e cuja diversão era zoar o que quer que fosse, quem quer que fosse. Tentou apaziguar a consciência e o coração, trocando a insegurança, o medo e a angústia crescentes pelo falso sentimento de superioridade que as ironias agressivas contra os outros proporcionavam. Na medida em que se integrava à turma do fundão, Marcos se afastava daquele bom aluno que havia sido, o bom menino, a joia da família, o depositário das melhores expectativas dos pais e dos avós, cujo foco exclusivo era o cumprimento das obrigações.

Em casa, houve também dias marcantes, que detonaram a velha ordem e lançaram a família ladeira abaixo. Uma cadeia de fatos tristes e desagregadores ecoava as decepções no colégio. O primeiro, como é frequente nas biografias de moradores da Maré, foi provocado por uma incursão policial tipicamente violenta, que deixou um rastro de mortes e traumas. Marcelo, seu irmão menor, brincava no quintal de casa quando o amigo, a seu lado, foi atingido por um disparo de fuzil. Marcos correu até o irmão e o encontrou paralisado, banhado pelo sangue do amigo. Marcelo, aterrorizado, passaria um longo período sem conseguir falar. Despertava à noite em sobressalto. Como os irmãos dividiam a cama, Marcos acordava com os pesadelos de Marcelo. Recolhido ao quarto, mudo, reproduzia a cena em desenhos. Os traços podiam mais do que as palavras, por alguma razão que Marcos ignorava, embora intuísse que, desenhando, o irmão tentava trazer o amigo de volta à vida e se salvar do terror.

Outras cenas traumáticas estavam por vir. Os pais já não viviam em harmonia. Hostilidades pequenas se acumulavam, somando-se a agressões verbais sucedidas por ataques físicos à mãe. O pai embriagava-se com frequência. Já não era o provedor confiável. Gastava tudo o que ganhava fora de casa, impondo à família sobreviver com o modesto salário da mãe. Os sacrifícios beiravam a fome. O clima se deteriorava, celeremente. Até que houve outro daqueles dias que dividem uma biografia em duas partes, antes e depois. Marcos estranhou tanto sal espalhado no banheiro, ao lado da pia, e teve de cuidar para se livrar daquela sujeira grudenta. Quando seu pai chegou, em estado alterado, como já era comum, e se deparou com o banheiro limpo, cobrou aos berros da esposa e a agrediu. A mulher defendeu-se, atirando objetos no marido, um dos quais talhou sua testa. O ferimento desnorteou o homem, que partiu com mais fúria contra ela. Marcos pôs-se entre os dois, segurou o pai, mas não era forte o suficiente. Só lhe restava o vaso de flores pesado, que ele quebrou na cabeça do pai, derrubando-o. Os gritos e as pancadas arrancaram Marcelo de seu retiro. Ele se postou atônito, calado, à porta do quarto aberta. Marcos explicou que fora ele quem limpara o banheiro, falou do sal, não fazia nenhum sentido que o pai brigasse por causa do sal. Foi à cozinha, trouxe um pote de sal e entregou ao pai. O pai desabou num pranto incontido. A mãe soluçava. Marcos concluiu que havia alguma coisa misteriosa cujo significado lhe escapava. A mulher mandou o esposo para o olho da rua e utilizou outras palavras que Marcos preferiu não gravar na memória. O homem, sangrando, recusou-se a sair. Ela que saísse. A casa era dele, declaração que a mãe contestava. Se você não sai, saio eu, ela disse, e levo as crianças. Marcos apavorou-se com a perspectiva de morar debaixo da ponte com a mãe. A solução foi menos má: buscaram abrigo na casa dos avós maternos. O casal cearense os acolheu e com dificuldade a sede de vingança do avô foi contida. Facão em riste, queria ajustar contas com o genro.

Eram previsíveis as reprovações de Marcos, na quinta e na sexta séries. Ele cumpriu dois anos escolares em quatro. A escola, que prezara por tanto tempo, convertera-se num fardo, principalmente depois que ele se convenceu de que o problema era sua incapacidade, sua limitação cognitiva. Ele não era dotado, intelectualmente, como a maioria. Estava condenado a não aprender. Para evitar mais humilhações, o melhor seria sair e procurar emprego. Estava com 14 anos. Era tempo de trabalhar e ajudar a mãe, que carregava o piano sozinha, em jornadas intermináveis e fatigantes. Ela compreenderia sua decisão. Afinal, ele tinha ido até a sétima série, mais do que ela e o pai, que largaram a escola no quarto ano do Fundamental. Entretanto, não contaria à mãe. Mentiria, dizendo que ia para a escola, enquanto fosse necessário, até juntar um dinheirinho bacana e surpreendê-la com as compras do mês. Depois inventaria algum emprego, qualquer coisa, mas revelando a verdade sobre os estudos.

Naquele momento, já havia aprendido a distinguir sal e pó, cloreto de sódio e cocaína. Sabia também que poderia fazer quarenta reais por dia se conseguisse uma vaga de olheiro no tráfico. Nada de armas, nenhum envolvimento com violência, apenas um apoio defensivo para proteger os caras de eventuais invasões e emboscadas. Pediu uma oportunidade ao chefe e obteve a chance de se mostrar útil. No final do dia, a grana na mão, eufórico, embora longe do sonho de levar para casa as compras do mês, tinha o suficiente para dois quilos de feijão, três de arroz e uma sacola de iogurte, um luxo em homenagem à mulher que lhe dera a vida. O resultado não foi o esperado. Em vez de festejar e fartar-se com a ceia alentada, Marcos teve de se explicar. Ela exigia que ele confessasse como ganhara o dinheiro. O improviso foi tosco: encontrara as notas no chão. Alguém havia deixado cair. Acontece. Ele não tinha culpa de ter sorte. A lorota passou raspando, mas colou.

O próximo desafio era justificar o ganho mensal. Não teria cara de pau para contar a mesma mentira. Quarenta, ainda vai, mas ninguém encontra dinheiro duas vezes, muito menos se a importância for superior a mil reais. Era preciso bolar uma versão convincente. Até lá, tinha tempo. O cotidiano seguia sem sustos, só que, agora, tendo demonstrado aptidão e disciplina, o chefe o promovera para uma função que requeria mais responsabilidade, embora não exigisse uso de arma nem implicasse participação direta no comércio varejista das drogas. Operava um radinho e se postava dentro da comunidade, vigiando certas áreas do território, consideradas estratégicas. A preocupação de Marcos não era a polícia ou outra facção, mas o contato fortuito com alguém da família. Não podia ser descoberto trabalhando para o tráfico. Claro que aconteceu. Mais cedo ou mais tarde, seria inevitável. A tia e a sobrinha apareceram na esquina. A tia vendia pamonha nas ruas e era viciada em maquininhas de azar, proibidas, mas ostensivamente disponíveis nos bares da comunidade. As duas vinham em direção ao boteco, ao lado de cuja entrada Marcos estava. Não dava mais para fugir. Não havia onde entrar e se esconder. O único jeito foi ocultar a prova do crime: o radinho. Ele o meteu, apressado, no bolso de atrás da bermuda. Pôs-se, ereto e fino como um poste, atrás do poste. Era improvável que não fosse visto, mas não havia alternativa. Aproximaram-se, a tia entrou para jogar e a prima ficou na porta com o saco de pamonha. "Marcos, o que você tá fazendo aqui?" "Nada. Esperando um amigo." Nesse instante, não bastasse o suspeito nervosismo do primo, uma voz mecânica rascante grita nas costas dele: "Fala aí, cara. Tá na pista?". Ao enfiar o radinho no bolso, esbarrara no botão que controla o volume do aparelho e o aumentara ao máximo. A prima, lívida: "Tu tá no movimento, Marcos? Tá louco? Vai estragar tua vida? Nunca pensei. Vou contar pra tia agora mesmo". Pelo amor de Deus, ele pensou, ou disse, ou fez as duas coisas. Pelo amor de Deus. Acabou convencendo a prima a não falar com a mãe dela nem com a mãe dele, a guardar o segredo. Em troca, prometeu renunciar ao seu posto e buscar um trabalho decente. "É só um bico, prima."

Trinta dias trabalhados, aquela grana toda acumulada, Marcos não podia mais adiar a criação da historinha verossímil. Tudo tinha ficado mais complicado desde o encontro com a prima. Ele não podia estender por muito mais tempo aquela situação. De todo modo, a prioridade agora era imaginar a mentira perfeita. Marcos teve um estalo. Foi até a oficina de um amigo mais velho. Compartilhou seu dilema e pediu que ele confirmasse, caso a mãe o procurasse: Marcos, realmente, havia trabalhado um mês na oficina, lixando carros.

O plano funcionou. Deu boa parte do que amealhara, e era uma boa grana. Claro que funcionou porque o amigo corroborou a versão de Marcos. A princípio, a mãe se recusara a acreditar. Por sorte, ele matara dois coelhos numa só cajadada, como diria seu avô. Conseguiu um álibi perfeito para persuadir a mãe e, na sequência, um trabalho de verdade. O amigo o chamou e tiveram uma conversa séria: aquilo não acabaria bem. Ele tinha mesmo de deixar o tráfico e começar a lixar carros. Ofereceu-lhe o emprego na oficina. A mentira virava realidade.

Próximo passo, pedir dispensa ao patrão. Não é tarefa das mais fáceis. Dependendo de quem seja e das circunstâncias, o diálogo pode ter consequências literalmente explosivas. Marcos elaborou uma estratégia de abordagem. Compartilharia com o chefe a novela familiar, os motivos que o levaram a pedir a oportunidade, a qual lhe havia sido generosamente concedida, e por aí sensibilizaria o sujeito. A favor de Marcos, a simpatia que o líder parecia nutrir por ele, gratuitamente. Deu certo, mas com ressalvas. Junto da autorização para sair veio a proibição irreversível de voltar. A porta se abriria, depois se fecharia para sempre.

Abria-se também um novo e promissor capítulo na vida de Marcos: emprego fixo numa empresa privada de limpeza, salário garantido, espectro da fome exorcizado, tudo indicava que o pior ficara para trás. Não foi assim. Marcos se sentiu firme e forte para se divertir. O espaço da curtição expandiu-se, novos interesses cobravam seu preço, e o salário, encolhido pelas despesas na rua, já não cobria as obrigações domésticas, assumidas com a mãe. A ajuda que ela recebia foi diminuindo mês a mês, até desaparecer. Pôs-se em marcha uma viagem rumo ao caos, que culminou com a embriaguez frequente e o uso recorrente de cocaína (substituir por outras drogas). Marcos chegava em casa em estado deplorável e respondia à mãe com grosseria. A desintegração se agravava, com crescente rapidez, rispidez e intensidade, até que Marcelo, o caçula, interveio. Ele, que permanecera na escola e viria a fazer carreira na Aeronáutica, depois dos 18 anos, confrontou o irmão com a frase devastadora: "Você ficou igual ao nosso pai". O choque produziu efeitos desestabilizadores. Marcos foi jogado no fundo de si mesmo e deu de cara com a verdade dura de suportar. Dura de suportar mas impossível de negar, uma vez revelada. Dali em diante, teria de carregar consigo a consciência de que estava reproduzindo o destino do pai, cujo desfecho tinha sido dramático.

Apoiado pelo irmão, Marcos botou na cabeça que precisava rever o pai. Encontrou-o num quartinho alugado, em uma favela próxima. Trabalhava no mesmo lugar e se afastara do álcool e das drogas. Marcos incluiu na rotina visitá-lo todo fim de semana. Conversavam como nunca antes. Meses depois, Marcos descobriu que um curso supletivo para o Ensino Fundamental seria oferecido em região vizinha à residência do pai. Ele se lembrava que o pai gostava de escrever poesia e acreditava que esse dom merecia a retomada dos estudos. O pai precisava recuperar aquele lado bonito de sua vida. Insistiu tanto para que o pai se matriculasse que terminou ele mesmo persuadido a acompanhá-lo. Pai e filho fizeram o supletivo juntos. O gosto pela poesia renasceu, do que resultaram alguns poemas. A diretora do curso se encantou com o talento do pai de Marcos e o inscreveu em um concurso. Ele venceu. Marcos não cabia em si de tanto orgulho. Já nem era necessário convencer o pai a prosseguir do Fundamental para o Médio. O pai já sonhava com o Ensino Superior. Se, no passado, o espelho estava quebrado, agora identificar-se com o pai adquiria sentido positivo. Com ele aprendeu sobre a história dos índios e do racismo no Brasil. Racismo que, por sua vez, esteve ao lado do incentivo paterno na origem da decisão de Marcos de voltar aos estudos. Ele trocara o emprego na empresa privada de limpeza por uma oportunidade melhor na serralheria relativamente próxima à sua casa. Parte de suas obrigações era acompanhar um colega no serviço de entrega. O parceiro dirigia a moto, Marcos ia no banco de trás, sobraçando o material. Sempre que cruzavam com a polícia, eram abordados. Ambos desciam, mas, sem exceção, apenas Marcos era revistado. Todas as vezes, somente ele. Por quê? O colega era branco, Marcos era negro. Era preciso compreender as raízes mais profundas daquela cena repetida. O pai tinha razão. Era imprescindível retomar os estudos.

Marcos concluiu o Fundamental depois do pai, com mais dificuldades do que ele. Mesmo assim, desafiando sua convicção de que era limitado cognitivamente, decidiu dar sequência aos estudos e cursar o Ensino Médio. O EJA da Maré lhe pareceu a oportunidade perfeita. Tratava-se de um teste definitivo. O Fundamental tinha sido muito difícil. As imagens do passado voltaram a assombrá-lo. Lembranças de humilhações na sala de aula da infância o atormentavam. Inscreveu-se, mas titubeou. Pensou em desistir. O primeiro dia foi mais do que tenso. A avó, o avô, o irmão, a mãe e o pai lhe transmitiram confiança. Era como se, afetivamente, o empurrassem até a porta. O passo, entretanto, seria dele. Os passos que mudam a vida são aqueles em que a coragem supera o medo. Marcos entrou na sala para a primeira aula.

Nunca mais seria o mesmo, ele diz. Aprendeu tanta coisa nova, divisou novos horizontes, conheceu uma cidade oculta naquela em que vivia, e outros mundos possíveis embutidos naquele que tinha sido o seu. No entanto, a lição mais importante era sobre si mesmo: ele merecia confiar em si, porque outros confiavam. O limite que enxergava era o retrato de seu medo das humilhações que sofrera no passado. Não havia limite algum. Ele era capaz de desenvolvimento cognitivo como toda a turma. Compreendia os conteúdos porque se atrevia a perguntar, quantas vezes fossem necessárias. A atitude acolhedora do professor desarmava qualquer impaciência dos colegas e gerava um ambiente de troca franca, reflexão criativa e liberdade. Conflito e divergência não eram crimes nem pecados, tampouco deflagravam confrontos e violência. Faziam parte do processo coletivo de amadurecimento intelectual e de formação ética e política, no sentido nobre da palavra.

O EJA forma cidadãos, além de facilitar a inclusão no mercado de trabalho. O processo educativo transcende sua função utilitária. Marcos descobriu, além do gosto pela matemática, formas de vida diferentes e sua legitimidade. Superou preconceitos. O crescimento da turma dependia do respeito. O professor era o artífice sensível e competente da evolução coletiva, mas cada qual dava sua contribuição. A virtude essencial do método, inteiramente novo para Marcos, era a participação. O cuidado e a solidariedade eram cultivados. Se um colega se ausenta seguidamente, outros o visitam e o ajudam a superar os obstáculos que provocaram seu afastamento.

Marcos, aos 27 anos, está determinado a prosseguir. Não vai parar de estudar. "Meu projeto? Quero ser meu pai do futuro. Vou ser professor de matemática."

E complementa: "Quero ser igual a eles. Os professores do EJA".

AQUELE ABRAÇO

Nara tinha três anos quando seus pais vieram do interior para o subúrbio do Rio de Janeiro. Mal tinham dinheiro para comer. Aos cinco, o casal se separou, a mãe resolveu morar com uma amiga e passou a trabalhar fora, o que a impedia de cuidar da filha. A solução foi dá-la à tia. A mudança foi traumática para Nara, porque, desde que chegara à nova casa, o tio fez do abuso uma rotina. Aos sete anos, o violador quis se ver livre dela e exigiu que a mulher a despachasse. Como não era possível deixá-la na rua, decidiram compartilhar a menina negra com algumas famílias, que se beneficiariam de seus serviços domésticos sob a condição de que a autorizassem a estudar. Nara transitava entre as casas, quase como diarista nômade, enquanto seguia as aulas na escola pública do bairro.

Durante três anos combinou a frequência ao colégio com as obrigações laborais não remuneradas. As famílias beneficiadas cobravam cada vez mais dedicação e disciplina no cumprimento das tarefas. Para que gastariam com a alimentação da menininha negra se ela não desse conta do recado? Nara não aguentou compatibilizar os múltiplos deveres por mais de três anos. Seus patrões consideravam suficiente salvá-la do analfabetismo. Nara aprendera a ler e escrever, isso lhe bastaria. Um deles reproduzia o comportamento do tio, o que provocou a primeira reação da menina.

Aos dez anos, relatou à tia o que sofria numa das casas em que trabalhava. A mulher, compadecida, trouxe-a de volta. A violência não cessou, diária e impiedosamente, até que, quando tinha quatorze, engravidou e não pôde continuar ocultando o estupro continuado. Aconteceu o que temia, razão pela qual jamais tivera coragem de denunciar o tio: ninguém acreditou em Nara. O acusado veio a ser tratado como se fosse a verdadeira vítima. Invertendo inteiramente os acontecimentos e as responsabilidades, passaram a insultar Nara, acusando-a de ter intimidado e atormentado o tio com o que chamavam "volúpia lasciva de adolescente assanhada". Xingavam Nara: "Despudorada, encapetada".

Expulsa da casa dos tios, a mãe de Nara não teve alternativa senão acolhê-la. Mãe solteira sem qualificação para o incipiente mercado de trabalho, amparada na mãe sem eira nem beira, o recurso foi um casamento de conveniência. O marido, no mínimo, dividiria responsabilidades e a protegeria dos assédios, que se tornara suplício constante. Doce ilusão. A violência apenas se ampliou e assumiu outras formas. A residência do novo casal era o cubículo nos fundos da garagem na qual o esposo pintava carros. Ele sumia nos fins de semana para se embriagar e gastar o pouco dinheiro disponível. Mesmo assim, aos trancos e barrancos, tiveram quatro filhos, mudaram-se para a Maré e permaneceram juntos por dezessete anos. Foram tempos de sacrifício, desalento e muito trabalho para sobreviver em condições precárias. Talvez o maior dos desafios tenha sido criar filhos na comunidade. Como convencer adolescentes de que a vida do crime não compensa, se os exemplos, à vista de todos, provavam o contrário? Por que os colegas podiam ter motos, roupas da moda, grana à vontade, e eles, não? Convites não faltavam, oportunidades proliferavam. Um deslize e já se deu o passo para o outro lado do umbral. Quando se fala em umbral a impressão que se transmite é de que se trata de uma separação absoluta, abismal, sem trânsito de ida e vinda, que afasta as pessoas e as realidades de tal forma que a travessia não tem retorno. Não é assim. O legal e o ilegal se comunicam. Mais ainda, se interpenetram e se confundem. Com frequência, o crime e a lei não se distinguem. Entretanto, por outra perspectiva, são dois mundos muito distintos mesmo. A diferença entre estar dentro ou fora, aquém ou além do umbral, pode ser equivalente à oposição entre a vida e a morte. Pode corresponder ao contraste entre aceitar a hipótese de matar e negá-la, construindo um caminho que a exclua. Morrer é um risco a que está submetido todo jovem que mora em comunidade, sobretudo se ele é negro como Nara. Segundo os pesquisadores, esse risco é trinta vezes maior para esse grupo do que para os jovens brancos que não residem em favelas. Se morrer é o risco comum, na Maré, matar não é. Matar é o ato que se apresenta como decisão extrema apenas para quem já tomara decisões anteriores que pareciam mais amenas, menos comprometedoras, quase inócuas. Nesse caso, atravessar o umbral e aderir ao movimento representa um perigo tremendo. Nara compreendeu muito bem tudo o que vinha embutido no pequeno passo e lutou com unhas e dentes para interpor o amor de mãe entre o desejo de consumo e a família, entre a ambição pelo poder volátil e efêmero do tráfico e a escola. Ela educou os filhos com a noção clara de que seria preciso competir com o crime, oferecendo o que o outro lado oferece — grana e valorização —, com sinal invertido.

Grana ela nunca acumulou para repartir com os filhos, então, teria de compensar dobrando a aposta na valorização. E não lhe faltava amor para dar. Nada valoriza mais do que ser amado. Quer dizer, sua arma era o amor. Deu certo. Apesar dos pesares, funcionou. Se os governantes aprendessem a lição de Nara, a Maré seria melhor, o Rio seria melhor, o país seria muito melhor.

Aos cinquenta anos, a vida de Nara está só começando. Desde que aceitou Jesus, tudo mudou. Conseguiu coragem para se separar do marido, o tio violador foi pego repetindo o crime e perdeu credibilidade, o que abriu espaço para que o caso de Nara fosse reconsiderado pelos familiares. Reconheceram o erro, pediram-lhe perdão e se reconciliaram. Além disso, na igreja, ela encontrou um homem diferente dos que conhecera antes. Sério, trabalhador, respeitoso, pessoa admirável. Casaram-se. Ele vem assumindo a função paterna com zelo e afeto. Finalmente, Nara descobriu o EJA da Maré. Ela completara, havia muito tempo, o Fundamental em um curso supletivo nada estimulante, tanto que não se animou a ingressar no Ensino Médio. Matriculou-se e está empolgada com a experiência.

Nara se deu conta de que pode aprender, a idade não é um empecilho. O que lhe parecia inacessível está se revelando perfeitamente compreensível. Sua capacidade é, portanto, maior do que supunha. As aulas participativas, os debates em grupo, foram criando uma atmosfera de confiança que a levou a perceber que pode confiar em si mesma, uma vez que os outros confiam. Pode acreditar em si, se os outros creem nela. Independentemente das idades tão diferentes, trocas são possíveis. E projetos novos ainda são legítimos, ainda fazem sentido, mesmo com meio século de idade. Nara quer ser psicóloga para ajudar a quem precisa, a quem está passando pelo que ela passou. A despeito de seu passado doído, ela é grata pelo que tem conquistado. Deseja devolver ao mundo a graça que recebeu. A graça de voltar a confiar, de superar os traumas. Já se inscreveu no Enem, embora sem maiores expectativas, apenas para treinar. Com o diploma do Ensino Médio na mão, pretende cursar o pré-vestibular comunitário. Uma das filhas faz letras, outra sonha com a faculdade. Esta é sua companheira no EJA, para seu orgulho. Deve a ela o incentivo que a fez se arriscar. Agradece em suas orações ao marido, que a apoia, à filha que a arrastou ao EJA e à professora, incansavelmente solidária.

Mas não foi fácil. O começo foi duro. A professora esteve à beira de um ataque de nervos. A turma esteve prestes a desfazer-se. A sala de aula era um campo conflagrado, mimetizando os momentos bélicos que abalavam a comunidade. Palavras agressivas eram balas perdidas. Falas das quais o jovem explosivo discordasse eram imediatamente alvejadas. Seu autor, ofendido, sentindo-se humilhado, recolhia-se ao silêncio. Aos poucos, a hostilidade prepotente foi calando, um a um, uma a uma, aniquilando a confiança, esterilizando o desejo de participar, a coragem para se expor, carbonizando a participação. A professora tentava abrir brechas na couraça do jovem provocador, buscando argumentos que o convencessem a baixar a bola, ceder, aceitar a diversidade de opiniões, valorizar as divergências, respeitar os outros. Sem um ambiente que garantisse respeito a todos e todas, quem se aventuraria a compartilhar ideias? Haveria modos menos grosseiros de criticar ideias alheias. A hostilidade contaminaria a atmosfera que já estava se tornando irrespirável. A atitude do rapaz acabaria por inviabilizar o curso.

Se as relações não fossem restabelecidas, as ofensas reparadas, se o pacto educativo não fosse cumprido, se as condições para o convívio saudável não fossem restauradas, a professora não poderia permanecer à frente da turma. Nesse dia em que os ânimos se exaltaram ainda mais do que o costume, percebendo que suas palavras não sensibilizavam o jovem campeão da intolerância, sentindo-se perdida e impotente, a professora chorou. A aula foi encerrada, mas, com exceção do protagonista principal da crise, ninguém saiu. Era preciso consolar a professora por quem tinham tanto carinho, tanta admiração. Não poderiam permitir que uma pessoa insolente e desagregadora estragasse tudo, acuasse a turma inteira e pusesse tudo a perder. Resolveram discutir a questão. Ficaram na sala, horas a fio, noite adentro, tentando descobrir uma solução.

A conclusão foi surpreendente, porque contrariava a direção que as primeiras opiniões sinalizavam. A qualidade do plano que nasceu daquele processo coletivo de reflexão era o retrato das virtudes do próprio processo.

Na aula seguinte, uniram-se no esforço comum de valorizar o criador de caso. A turma desarmou-se para que o rapaz se desarmasse. A nova atitude marcava uma virada radical: o moço, em vez de fonte de problemas, passava a ser tratado como interlocutor. A professora propôs como exercício o abraço. Todos se abraçariam. A sessão de abraços estendeu-se, cada estudante entregou-se, ninguém ficou de fora do círculo, ninguém deixou de se comover, nem o jovem incendiário. Uma verdadeira revolução pacífica. A quem duvidara, ficou demonstrado que a dinâmica grupal envolve todos os seus membros. Mesmo que a iniciativa daquele fenômeno corrosivo tenha sido individual, o incremento das tensões implicou o conjunto da turma. Cada um que se sentia atacado pelo rapaz transmitia a ele a seguinte mensagem: você está me atingindo, eu sinto sua agressão, me sinto mal por sua causa, eu o vejo como agressor, portanto, você não presta, não deveria estar aqui, não é bom como eu sou, não é bom como os outros. O espelhamento fazia o moço atacar ainda mais, na medida em que se sentia expulso e malquisto. Provocava sua expulsão, expulsava-se a si mesmo, pela mediação dos outros, porque não merecia estar ali, não merecia o EJA, a admiração dos colegas e da professora. Ele se via negativamente e criava as condições que confirmariam o juízo destrutivo que fazia de si mesmo.

A genialidade da professora e a riqueza da sabedoria que resultou naquela decisão coletivamente produzida alcançaram um êxito extraordinário. O segredo foi interromper o círculo vicioso que se criara. Onde o jovem agressivo via rejeição, produzia rejeição, a turma foi afeto, compreensão, acolhimento, valorização. Onde esperava expulsão, a turma foi abraço. O resultado foi um sucesso duplo: a integração do rapaz e o amadurecimento do grupo. Todos cresceram e aprenderam.

A experiência do EJA é singular e fascinante não porque não haja percalços, dificuldades, altos e baixos, contradições e tensões, mas porque tem conseguido aproveitar os problemas práticos que tem de enfrentar como oportunidades para o desenvolvimento da inteligência emocional. Nara, uma das principais artífices da estratégia do abraço, vai ser psicóloga.

AS PALAVRAS TÊM PODER

Fui jogar o último futebol com meus amigos e não sabia. Não sabia que era o último. A gente tinha crescido junto. Nós éramos dez parceiros inseparáveis. Hoje, cinco estão mortos e quatro, perdidos. Quanta vida desperdiçada. Volta e meia cruzo na rua com um deles. Não nos falamos. É como se não nos reconhecêssemos. Minha sorte foi ter uma família muito unida. Houve um tempo em que as brigas eram constantes. Eu tinha doze anos. O clima foi ficando pesado. Não aguentei. Fiquei em casa, na cama, no sofá, sem sair, por dois anos. Além dos amigos, perdi dois anos de vida e de escola. O desânimo era mais forte do que eu. Depois foi difícil concluir o Fundamental. No final, deu tudo certo. Ano passado, minha futura sogra me convenceu a cursar o EJA da Maré. Isso tem um ano e meio, mais ou menos. É incrível, parece exagero falar assim, mas minha vida mudou. Se alguém me dissesse no começo de 2018 que no ano seguinte eu pensaria o que penso, hoje, eu não acreditaria. Devo muito também à nova igreja, que passei a frequentar, e à minha noiva. Antes, igreja era obrigação. Eu ia como um robô. Orar era mecânico, nenhum sentimento. Não me envolvia. Hoje, a religião ganhou um significado pra mim. Devo também à família, claro, que foi me formando. Cada um dando uma parte minha: meu avô, meu pai, minha mãe, tios e tias, todo mundo. Sei construir uma casa, consertar um monte de aparelhos, organizar um comércio, vender, negociar, comprar os produtos.

* * *

Antes de prosseguir, Gabriel ajeitou-se e observou o gravador. A máquina é precisa, ele não seria traído, mas a memória de quem escreve às vezes funciona melhor para os propósitos deste livro, porque permite manter o sentido do que foi dito com palavras um pouco distintas, o que também é fundamental para não expor uma pessoa corajosa como ele. Gabriel respirou fundo e continuou.

***

O que é que eu penso, agora, aos 18 anos, o que é diferente? Convivendo com idosos, no EJA, aprendi que eles não são pessoas chatas, que só falam do passado e irritam a gente com voz arrastada, andar arrastado, ideias atrasadas. Aprendi a escutar e valorizar a história, o que veio antes, como era antes e como foi que as coisas mudaram. Sinto um aperto no coração quando vejo o maltrato contra os velhos. O pessoal atualmente dirige em velocidade, carro, moto, anda varado, drogado, colocando em risco as vidas deles e dos outros, principalmente dos idosos e das crianças. Meu avô conta que no tempo do Jorge Negão era diferente. As pessoas eram mais educadas, mesmo sem ter tido escola. Elas vinham do Nordeste, de Minas ou do interior do estado e traziam um jeito mais humano de tratar os outros. Até o tráfico era outro. Não tinha tanto adolescente e tratava morador com civilidade. O racismo, não. O racismo não é novidade, vem de longe e acontece dentro da comunidade também. Outra coisa: entendi como é importante cuidar das crianças e passei a valorizar o respeito que nós devemos à população LGBT. Um tempo atrás, eu tratava com desprezo e fazia bullying até com quem era gordo e feio, quer dizer, com quem eu achava que era gordo e feio. Homossexuais, travestis, se alguém era diferente do que eu achava que devia ser, estava fora do padrão que as pessoas consideravam normal, eu atacava, só com palavras e brincadeiras, mas atacava, e não estava nem aí pro sofrimento que causava. Me arrependo muito. É tão claro hoje pra mim o absurdo daquela situação. Me dá vergonha. Minha igreja fala bastante sobre isso, sobre o respeito que todos merecem. No EJA, entendi com mais profundidade ainda a necessidade do respeito. Não é só por dever moral, pelo valor religioso, mas porque as pessoas têm o direito de ser como elas quiserem. Se você não faz mal a ninguém, por que a sociedade deveria impedir sua liberdade? Outra coisa horrível é a intolerância com a religião dos outros. Não importa se for diferente da minha, todo mundo tem a liberdade de ter a religião que quiser. Isso está na Constituição. Há um ano, eu nem sabia o que era Constituição. Democracia pra mim era conversa de político, sem nenhuma significação. Triste é pensar que continua sendo assim pra maioria das pessoas. O senso da Maré, que a Redes fez, mostra que quase 50% dos moradores não têm o Fundamental completo. O resultado é esse aí, que a gente tá vendo, a polícia tratando morador como lixo, como se todo mundo fosse bandido. E as pessoas, pelo menos muitas delas, sem conhecer seus direitos. Na Maré, a comunidade conta com a defesa das entidades, das ONGs que atuam aqui. Em outras comunidades, é pior ainda, a violência policial é pior. O comércio de meu pai, em outra localidade, teve de fechar. Todo o comércio de lá faliu, porque a polícia invade a qualquer hora e toca o terror. Eu estava cuidando da loja. Fiquei arrasado. Quase desanimo e largo tudo, novamente, mas a família me deu força, a igreja, minha noiva, o EJA. Eu não podia abandonar minha turma, perder as aulas, os debates. Até em matemática eu tô virando craque. Os colegas sacaram que me dou bem nos testes, nos trabalhos, e passaram a me pedir ajuda. Em português, também. Aliás, português foi uma coisa muito especial, uma descoberta dessas que marcam a trajetória de uma pessoa. Deu pra notar que eu uso palavras como trajetória? Nem sempre foi assim. Eu me lembro que há um tempo, quando ia à Zona Sul, ouvia as pessoas falando de um jeito estranho, quase uma outra língua. Era engraçado, mas me balançava, me fazia mal, eu sentia uma certa angústia. A maior diferença é que eles usavam o plural. Percebi que a gente, na comunidade, não fala o plural e quem fala corre o risco de parecer metido, arrogante. Conversando com uns caras da minha idade, mas de outra classe social, moradores de bairros ricos, saquei um detalhe interessante: meu vocabulário só tinha gíria. Tudo bem, nenhum problema, a professora no EJA ensinou que a língua é viva, dinâmica, e que as gírias enriquecem o repertório. Aprendi que a linguagem é também um instrumento de poder, que pode servir pra discriminar, hierarquizar. Por outro lado, olha só, você ouviu o que eu disse? Eu usei dois verbos que não circulam na comunidade: discriminar e hierarquizar. Pra mim, isso prova que saber mais palavras amplia seus recursos pra se comunicar melhor e aprofundar seus conhecimentos. Até pra entender o que se diz, e resistir a jogos de poder e a manipulações, é muito importante ter o mesmo acesso ao vocabulário mais amplo que for possível. Nos debates, a gente tem criticado a desigualdade no acesso à justiça. Eu costumo acrescentar: é necessário criticar também a desigualdade no acesso às palavras. Levo tão a sério essa questão que tento convencer meus sobrinhos a abrir todo dia o dicionário, no celular mesmo, e a aprender uma palavra nova. Uma por dia. Aprender o significado, decorar e tentar usar quando aparecer a oportunidade. Claro que não basta expandir o vocabulário. Se o sujeito não sabe aplicar a sintaxe, não consegue formular um raciocínio mais complicado. Pode tentar. Não funciona. Sem sintaxe, não dá. Não se trata de ficar decorando regrinha, mas de entender que uma frase tem sujeito e objeto, tem predicado. Se você não souber aplicar, vai se perder. É como um motorista sem mapa numa cidade sem sinalização. Como é que vai ler, entender um texto, escrever? Pra mim, isso também é político, se político é tudo que diz respeito à vida coletiva e ao poder. Acesso às palavras é acesso ao poder. O EJA me apresentou outro mundo. Eu não tinha ido ao teatro, nunca tinha sequer imaginado a hipótese de visitar uma exposição num museu. Nem sabia com que roupa se podia entrar num museu, quanto custava um ingresso, se tinha museu grátis. Ler um livro, nem pensar. Eu sequer tinha concentração pra isso. A gente precisa de um treinamento pra gostar de ler. Muita coisa preciosa estava fora do mundo que eu conhecia e frequentava. Era como se vários lugares da cidade não existissem. Eu estava sendo excluído do prazer de ler, de curtir arte, diferentes tipos de arte. Eu não tinha acesso, entende? Nem brigava para ter acesso, porque a gente não deseja o que não conhece. Se eu ouvisse alguém falar essas coisas, há um tempo atrás, ia zoar, nem compreenderia, não ia fazer nenhum sentido pra mim, como não faz pra maioria. Essa é minha maior tristeza, as pessoas não sabem o que estão perdendo. Claro que a cultura da favela também é maravilhosa, a professora sempre diz isso, mas a gente não pode se satisfazer com uma parte do tesouro. Por que não ter tudo? Por que não ter acesso a tudo? Até porque os ricos têm e às vezes combinam os diversos tipos de arte e cultura no melhor que criam. O funk pode ser o máximo, uma invenção genial que tá conquistando o mundo. Mas eu quero também ouvir outras paradas, quero não ser excluído do prazer de descobrir outros tipos de música. Pra valorizar uma coisa não tenho de desprezar outra. Quero tudo junto e muito mais. Não posso?

O que eu desejo pra minha comunidade? Educação do nível do EJA pra todos. É pedir muito? Já pensou? Ia ser uma revolução. E não basta. Tem que ter acesso à saúde. Ouve bem o que estou dizendo. Não estou falando em acesso a médicos, postos, enfermeiras, hospitais, exames, cirurgias e remédios. Isso também, claro, mas estou me referindo a saúde, não a tratar de doenças. Antes de ficar doente, a gente tem de cuidar da saúde. Estou aprendendo um pouco sobre isso nos debates que a professora propõe no EJA. Não é conversa fiada, não, funciona mesmo. Uma parte da minha vida que eu mudei foi justamente a que tem a ver com saúde: o que eu como e bebo, como eu durmo, que exercícios faço, o que seria um cotidiano saudável. Acordo às cinco, faço exercícios, ando pela comunidade, volto pra tomar um café da manhã bacana, levo minha noiva à escola, depois levo meu sobrinho pro colégio, e quando volto nem oito horas são. Quando posso, cozinho minha própria comida. Meu avô me deu uma kitnet pequena, mas bem ajeitadinha, que ele mesmo construiu. Impressionante a capacidade de um trabalhador manual como ele. É semianalfabeto, mas sempre foi capaz de fazer os cálculos com a reguinha dele e edificar casas e mais casas com a maior eficiência e segurança. Sempre que posso, faço uma visita pra escutar as histórias que ele conta. Já disse isso, né? Pra você ver como gosto do meu avô. Antigamente, não me interessava a memória dele. Olha só como eu mudei. Ele se lembra do tempo em que a pobreza era maior, mas a ambulância entrava na comunidade, a Defesa Civil entrava. Não se via arma na rua. O comércio da droga existia, mas era mais discreto. Não porque se temia a polícia, que sempre recebeu seu arrego, mas porque se respeitava a comunidade. O problema para os meus sonhos se realizarem sabe qual é? A realidade. De vez em quando eu caio na real e aí tenho de fazer um esforço enorme pra não desanimar e retornar à estaca zero. Outro dia meu pai perdeu meses de trabalho porque tinha de fazer entregas do material que tinha produzido e não pôde, tudo se perdeu. Teve operação policial. Escolas fechadas, postos de saúde fechados, comércio fechado, farmácias fechadas, ninguém nas ruas. Tiro, morte, grito, sangue.

Na comunidade, o horror é vizinho da esperança. O EJA não pode fechar. Por favor, não fechem o EJA.

JULIA CONTRA O RACISMO

Tenho de ser melhor, muito melhor, para alcançar o que os outros conseguem sem maior dificuldade. Tenho de ser capaz de proezas extraordinárias, praticar e estudar dança doze, quatorze horas por dia para ser escolhida ou indicada, para ocupar os espaços mais importantes. Não basta dançar bem, ser profissional, dedicada, competente, talentosa. Não basta fazer o que as outras fazem. A virtude tem cor. É preciso atingir um nível de tal ordem diferenciado que te ignorar se torne escandaloso. Ser negro no Brasil faz de você alvo ou invisível. Alvo, sobretudo os homens; invisíveis, principalmente nós, as mulheres. É o que eu penso. Aliás, é o que eu vivi. Racismo não é questão de opinião: existe ou não, é forte ou fraco. Nada disso. Racismo é questão de experiência. E a minha foi devastadora desde a infância até hoje. O tiro da polícia atravessa o corpo e deixa marcas, não dá pra mascarar, enquanto o ato racista sem uniforme e sem arma frequentemente é envergonhado, disfarçado. Atravessa o corpo, deixa marcas, mas dá pra mascarar, porque a gente sente, mas os outros não veem. Os brancos não querem ver, não querem saber, sequer aceitam falar no assunto. E no final das contas, nós, negros e negras, é que somos acusados de racismo reverso e ressentimento, ou de radicais, quando a gente eleva a voz, que é o único jeito de ser ouvido. Há um pacto silencioso que impede nossa passagem. A escravidão acabou, mas seu espírito está aí. O desemprego, por exemplo, faz a pessoa aceitar as condições mais humilhantes. Tem gente que aceita trabalhar por um prato de comida e uma cama pra dormir. Sem salário, sem carteira, sem direito a nada. O que é isso? Nesse caso, brancos e brancas pobres também sofrem, mas todo mundo sabe que a maioria dos pobres é negra. Negra é a cor da pobreza. É a cor do crime. Na minha área, se eu for preterida, como já fui tantas vezes, e reclamar, pedir uma reavaliação, questionar o resultado de um concurso ou exame de seleção, aí é que a reprovação vai ser confirmada, porque, independentemente de seu pedido de revisão ser justificável ou não, as empresas, os patrões, os professores ou os produtores preferem não selecionar quem "cria problema", entre aspas. Quem "cria problema" não é agregador, não pode vir a ser líder, vai passar o tempo provocando conflito. Se a empregada doméstica reclama seus direitos, é ingrata. Se quem dança é assertiva, não presta. Sobretudo se for mulher. Homem que fala duro é macho, viril, dá-se ao respeito; mulher é histérica, louca ou lésbica. Negra assim como eu, que se orgulha do cabelo duro e que não tem medo da palavra dura, pior ainda. Tá lascada. Mas não dá pra recuar. Depois que a gente vê as coisas como elas são, sentindo a realidade na pele, o jeito é resistir, enfrentar, denunciar. Tenho de usar minha inteligência, inventar minhas próprias estratégias, fortalecer minha consciência política e trabalhar mais, muito mais do que os outros. Pra ser politicamente correta, eu deveria dizer: preciso procurar um coletivo, entrar pra um movimento, esse tipo de coisa. Até porque sozinha não se vence uma opressão sufocante que atravessou toda a nossa história, começando com a dizimação dos indígenas. Acontece que sou muito na minha, não me ligo muito às pessoas, vivo mais isolada, mesmo. Minha política eu mesma faço. Eu sou assim — ou, pelo menos, foi assim que me fizeram.

***

Sem ter acesso às palavras originais de Julia e, portanto, com o risco de trair seu estilo ou omitir alguns trechos, esse é o resumo mais fiel que se tornou possível registrar aqui. Se ela não usou uma ou outra expressão, o significado essencial da mensagem foi preservado.

O tom da pessoa firme, lúcida, inteligente e consciente foi respeitado, embora trocadas muitas palavras do depoimento original. Esse parágrafo longo e amargo deve ter soado desagradável, incômodo para alguns, o que só comprovaria a verdade do que foi enunciado. Só duvidaria de Julia quem nunca visitou o Brasil, quem nada sabe sobre o país e só o conhece pelos cartões-postais e pelas propagandas ufanistas. Ou quem, sendo branco, herdeiro dos senhores, íntimo da Casa Grande, não tem a coragem moral de reconhecer o contrabando ideológico preconceituoso e mascarador em que se formou e que a branquitude carrega consigo, do qual há que se livrar explicitando o que está oculto e se associando à luta antirracista. Não basta não ser racista, é preciso ser antirracista, conforme ensina Sueli Carneiro.

Há a História com H maiúsculo, que se refere às civilizações, nações, sociedades, coletividades, e que se conta na escala dos milênios e dos séculos, e há as histórias individuais, das quais cada uma e cada um guardam recordações e pode dar testemunho. A memória é um tesouro para quem escreve biografias e, por enredá-las numa trama coletiva, busca lhes conferir um sentido comum, sem prejuízo das contradições, sem as quais não há trama, enredo ou sentido. Entretanto, as lembranças podem ser, para quem as suporta, um fardo, um peso insustentável do qual convém livrar-se. Julia se encaixa nesta categoria de pessoas.

Para ela, não houve apenas uma pedra no meio do caminho, mas uma pedreira. Na escola, cursando o Fundamental na Maré, criança ainda, a cor era tratada como estigma, uma espécie de doença contagiosa que afastava os colegas. Pobre também tem preconceito, pobre também pode ser racista. Para fazer face à hostilidade da maior parte da turma, Julia se fechou em seu casulo, isolou-se durante todo o Ensino Fundamental.

Em casa, não contava com os pais e os oito irmãos. Ela não sabia como descrever e explicar o que estava acontecendo, nem o que sentia. Faltavam-lhe palavras e coragem para compartilhar os sentimentos provocados pelas brincadeiras ofensivas. Não havia escuta e acolhimento que lhe infundisse confiança para se abrir. Tudo era confuso e soava errado, ela também fazendo parte do erro, concorrendo para o erro. Não por acaso, pois era admoestada sempre que contava o que acontecia na escola. Irmãos e pais a condenavam pelo que denominavam "bancar a vítima".

Enquanto crescia, seu único amigo inseparável continuava a ser o cãozinho que criava. Sua diversão era assistir, sozinha, ao "Animal Planet". Admirava os animais, gostava deles. Nos momentos de otimismo, sonhava se formar em biologia.

Nessa época, aproximou-se de uma adolescente negra de outra turma, que respondia aos tormentos mutilando-se, cortando os braços e as pernas. Julia adotou a mesma linguagem. Assim como alguns recorrem a tatuagens para modelar sua identidade, por meio da estetização do corpo, comunicando-se desse modo com a comunidade a que pertencem, Julia e sua parceira escreviam no corpo seus recados, como o náufrago que enfia o bilhete numa garrafa e a lança ao mar, na esperança de que alguém, em algum lugar, o receba. Julia escrevia mensagens para a mãe, o pai, os irmãos, para quem tivesse olhos de ver e fizesse o obséquio de escutá-la. Todos fingiam que não notavam os traços na pele, os lanhos vermelhos, as feridas expostas. Nenhuma pergunta lhe fizeram. Ela não despertava o menor interesse. O sangue não bastou para conectá-la à família.

No colégio, isolou-se para se proteger, mas não conseguiu ser indiferente às provocações humilhantes. Seu cabelo tornou-se o signo da diferença e o centro da violência simbólica. Uma escola amena e pacífica, na aparência, encobria, na prática, a covarde brutalidade racista. Encobria e tolerava por não ver, por recusar-se a enxergar o que se passava, por naturalizar o racismo. Professores, funcionários, diretores não estavam equipados para reconhecer o óbvio. Julia preferiu jogar por terra o esforço que realizara. Preferiu não é o verbo apropriado. Correto seria dizer: não suportou. De fato, não suportava, além da escola, a invisibilidade dentro de casa. Não aguentava mais sua vida. Quanto mais sofria, mais se fechava, quanto mais se fechava, mais solitária ficava. Não contava com ninguém para compartilhar a dor. Por isso, surpreendeu-se quando, tentando se jogar por cima da mureta da passarela sobre a Avenida Brasil, em frente à Maré, foi contida por um rapaz. Ele a salvou, dispôs-se a levá-la para casa ou ao atendimento de saúde, quis ouvi-la, mas ali já lhe faltava a voz. Ficou grata e muda. Voltou para casa em silêncio. Sentia-se um fracasso na vida e, agora, fracassara na morte. Julia não desistiria de interromper o sofrimento com o gesto extremo.

Tentou reagir. Conseguiu trocar a casa dos pais pela do irmão mais próximo, ou melhor, menos distante, mas a cunhada não mostrava qualquer satisfação em ver-se constrangida a conviver com ela. Primeiro, obrigou-a a dar o cãozinho. Pouco depois, precipitou conflitos que provocaram sua saída.

Julia tentou outra solução. Foi morar com uma tia que tinha espaço em casa e abrigou-se por lá, improvisada e provisoriamente. A tia padecia de sofrimentos psíquicos e acumulava remédios tarja preta. Certa vez, Julia apanhou uma caixa e, na rua, tomou todos os comprimidos. Tombou na calçada e uma vizinha a salvou.

No primeiro ano do Ensino Médio, em outra escola pública, situada em Copacabana, contava nos dedos a companhia de cerca de dez colegas negros em toda a escola, mas eles não reagiam com a veemência que teria sido necessária, certamente porque a própria direção da escola e as professoras não impunham limite aos abusos racistas, oferecendo-lhes suporte e confiança suficientes. Sim, o racismo é precoce, vem do berço, aprende-se como se aprende a andar de bicicleta, praticando, repetindo o que se ouve, respirando-se a cultura racista e as emanações envenenadas do racismo estrutural, aquele que se inscreve em instituições, como a escola, e se normaliza. A criança indefesa, atacada, tende a internalizar a agressão e sentir-se culpada. Se não houver uma pedagogia antirracista, que elabore esse conteúdo, suas diversas formas e manifestações, e suas representações performáticas, o racismo segue produzindo seus efeitos devastadores e criando as condições para sua reprodução sem fim.

Aos 17 anos, faltando um ano para se formar no Ensino Médio, ela desistiu da escola. Julia era um rosário de derrotas.

A virada ocorreu quando foi morar com um amigo gay. Ela percebeu que havia, no mundo dos humanos, solidariedade e modos mais ativos e produtivos de resistência aos preconceitos. A batalha contra a homofobia era cotidiana, ela constatava, mas nem por isso seu amigo se deixava abater, embora sofresse com a hostilidade constante. Uniram-se na vontade de superar a violência que os atingia. A autodestruição não era o único caminho. Aliás, não era sequer caminho, mas beco sem saída, rendição. Animou-se e aceitou a proposta do parceiro. Foram juntos ao núcleo de dança na UFRJ, próxima à Maré. A visita mudou a vida de Julia. Lá, ela conheceu um dos professores do Centro de Artes da Maré, que a convidou a experimentar a dança. Havia grupos, cursos, oportunidades. As portas estariam abertas para ela.

E Julia dançou. Sentia-se sem amarras, solta no ar, membro de espécies voadoras. Julia voava. Jamais experimentara tamanha liberdade. Dançar converteu-se no objeto de sua obsessiva devoção. Seu talento era tão brilhante que ofuscava colegas, suscitando ciúme e inveja em uns e outros. Contudo, àquela altura Julia já tinha escudos para se defender, a começar pela força que descobrira em si mesma, o valor que sabia possuir. Por outro lado, havia também muita empatia e cooperação, equilibrando as competições nocivas.

Ela resolveu largar tudo o mais, trabalhos intermitentes e ocupações paralelas, para se dedicar integralmente a treinar, ensaiar e aperfeiçoar-se na dança. Sacrificou a independência financeira, recuou em seus planos originais, e aceitou morar de novo com os pais, onde recriou o casulo. Reclusa e solitária, podia manter a autonomia do desejo e os novos sonhos em marcha. Dançava oito horas por dia. Chegava tarde em casa, saía cedo, mal via os pais. A evolução na carreira recomendava, até exigia, proficiência em balé clássico, o que, por sua vez, requeria ainda mais rigor, disciplina e aplicação, e o acesso a instituição especializada, sem que a nova inserção implicasse afastamento do Centro de Artes da Maré, a matriz de sua formação e o espaço principal de suas performances. Não podia nem queria afastar-se do CAM, a plataforma de lançamento de seu destino rumo às utopias. Entretanto, a direção lhe cobrou a apresentação do documento que comprovasse que estava matriculada em alguma escola. Não poderia permanecer se não estivesse estudando, essa era a política da entidade, cuja intenção era estimular o desenvolvimento do processo educacional na trajetória de cada filiado, em vez de ser obstáculo. Julia tentou enrolar, fez-se de tonta. Não gostava de agir, mas achava que, naquele caso, merecia ser perdoada em seu tribunal interno, excessivamente crítico. Afinal, ela não poderia parar de dançar. Seria como perder o alimento que garantia a sobrevivência de seu elã, de seu espírito, de seu desejo, de tudo que, nela, era potência, criação, propulsão e prazer. Ela não tinha namorados ou namoradas. Tinha a dança. Ser obrigada a separar-se da dança lhe parecia sentença de morte. Então, por que não enrolar e tentar dar um jeitinho? Que mal faria aos outros?

Ocorre que o tal documento não aparecia, a apresentação vinha sendo seguidamente adiada. A desconversa de Julia estava alcançando o tamanho de uma mentira, e mentira tem pernas curtas, é o dito popular. Pernas curtas dificultam a dança. Julia foi, finalmente, confrontada. Chegou o dia da cobrança definitiva, cara a cara com o diretor a quem ela era tão grata. Só lhe restou confessar. Tinha cursado até o segundo ano do Ensino Médio, mas não o havia completado. Estava mesmo fora da escola. O embate decisivo que ela temia, por um desses caprichos do destino, acabou lhe abrindo uma porta que, reconhece, foi tão ou mais importante do que a dança.

O dirigente do CAM, ao invés de punir Julia ou expulsá-la, indicou-lhe o EJA e a ajudou a matricular-se. O centro tampouco queria perdê-la. Seu diretor não era um burocrata frio e formalista, mas um ser humano muito especial.

Outro dilema ameaçava o futuro imediato de Julia. Para ir de casa ao CAM e depois ao EJA tinha de cruzar a fronteira entre Nova Holanda e Vila do João, que demarcava os domínios de duas facções do tráfico. Tratava-se de uma ousadia perigosa. Se fosse reconhecida do outro lado como moradora do território inimigo poderia sofrer todo tipo de abuso. Mesmo assim, decidiu correr os riscos. Dessa vez, não deixaria que o medo sacrificasse o desejo.

Julia se inscreveu e entrou pela primeira vez na sala de aula sem saber o que encontraria. Os fantasmas do passado rondavam sua cabeça, os traumas escolares apertavam seu coração. Olha o medo aí outra vez. Com muita dificuldade respondeu ao pedido do professor para se apresentar. A voz soou fraca e hesitante. Nesse aspecto não destoou da maioria das colegas e dos colegas. O temor e a vacilação estavam no ar. Provavelmente, a trajetória complicada de Julia não era exceção. Mas o professor e o método dissiparam a atmosfera pesada. Percebeu desde o primeiro dia que aquele espaço era completamente diferente das salas de aula que conhecera.

A experiência que se iniciava viria a mostrar-se, mais que terapêutica, radicalmente educadora. Isto é, as aulas colocavam em prática tudo aquilo que a educação deveria ser, em sua raiz: transmissão de informações, sim, acúmulo de novos conceitos, sim, desenvolvimento das capacidades lógicas, aprimoramento de habilidades discursivas e interpretativas, sim, mas, ao mesmo tempo e destacadamente, desprendimento das amarras da inteligência, cuja dimensão emocional costuma ser esquecida ou negligenciada. Os fatores que embotam a inteligência são a rigidez, o preconceito, o medo ou a insegurança. A rigidez bloqueia a reflexão, a qual não se realiza sem que se submeta a teste de validação a crença ou uma certa descrição da realidade. O teste de validação tem como método a aplicação sistemática da dúvida e a comparação com formulações alternativas. Essa rigidez dá lugar a preconceitos e sustenta a suposta confirmação de sua verdade, promovendo sua difusão. Preconceitos só se mantêm quando a dúvida é reprimida e exorcizada. Preconceitos matam, são fonte de violência e ignorância. São o oposto do conhecimento, da educação e do pensamento, que só merece esse nome quando é livre. Livre das amarras.

A pergunta que resta é: por que existe a rigidez intelectual, a rigidez mental? A resposta é simples: porque as pessoas têm medo. Medo de duvidar e acabar descobrindo que aquilo em que acreditam é falso, o que poderia fazer seu mundo desabar, levando na enxurrada suas relações de afeto, seus vínculos com os outros e as coletividades a que pertencem. Duvidar pode significar uma puxada de tapete e deixar as pessoas sem chão, ou seja, sem segurança. Por isso, além do medo, a insegurança. O operação do medo é trocar a segurança pela insegurança, o conforto pela instabilidade, o equilíbrio pela incerteza. A consequência do medo é perder uma realidade quando ainda se ignora a nova realidade.

O exercício do ensino, no EJA, se apoia em dois pilares: transmitir segurança aos alunos para que ousem pensar, imaginando, comparando, questionando, duvidando até perderem o medo. Para que a segurança seja transmitida, é necessário, primeiro, criar um ambiente de confiança. Pensar é como voar e dançar, dirá Julia. Se a bailarina não confia na parceira ou no parceiro, não se lançará no espaço vazio para ser pega no ar pelo outro. Terá medo de cair. As ironias, o desprezo pela fala alheia e a crítica destrutiva bloqueariam toda a turma. Ninguém mais se exporia. Por sua vez, a expansão da confiança pressupõe respeito e escuta, estímulo a que cada qual pense e se coloque, mesmo que se cometam erros, por mais primários que sejam. O que se deseja não é o acerto, mas a coragem de pensar e dizer. Há, portanto, toda uma pedagogia dos afetos embutida na pedagogia da dúvida, que é a pedagogia do pensamento, inseparável da pedagogia da liberdade. Para vivenciar a liberdade é necessário confiar em si mesmo e nos outros. Não se vivencia a liberdade sozinho.

Por isso, Julia relata que conheceu um grupo que lhe permitiu vivenciar a emoção que sempre lhe fora negada: o pertencimento. Embora mantivesse sua proverbial reserva, agora ela era parte de uma rede, uma tribo, uma comunidade, uma família. Julia estava livre e não estava sozinha. O EJA da Maré virou a chave de seu destino. Julia quer continuar dançando, estudar biologia na faculdade e colaborar com os esforços de várias entidades que atuam na Maré para frear a violência policial, da qual seu cotidiano deu testemunhos inumeráveis ao longo dos anos.

ADRIANO CHOROU TRÊS VEZES

Bateram na porta da casa de Adriano quando anoitecia. Nada demais. Na Vila do João, a maré está sempre alta. Ali, a cidade ferve, de domingo a domingo, fundindo aço, barro e telha, os músculos expostos na mesa do açougue, o churrasco e seus vapores, o alarido e as canções recomeçando outra vez. Paredes mais juntam que separam, e a intimidade se estende além dos domínios da família. Lajes avançam para acolher os que vêm e os muros latejam, guardando o calor do dia. Comunidade, bairro e favela, cacofonia e movimento, muita história pra contar.

Ao redor da casa modesta em que batem à porta, motos embaralham os circuitos do território e automóveis de vidros e olhos abertos dispersam vira-latas. O comércio segue febril, frituras nos quiosques, os meninos nunca se cansam, gente que chega faminta e os que saem pro turno da noite, as biografias tão diferentes cruzando os fios de seus novelos, brotando da origem comum nordestina, untadas na gordura das tardes, que ferveu ao sol de zinco e agora respira.

Antes de ouvir o punho na porta, Adriano cortava os legumes pra sopa, como fazia toda noite, cumprindo o rito que se pratica sem pensar, obediente ao hábito que era, para ele, no espaço minúsculo e aconchegante da cozinha — furtada à saleta —, um modo sereno de organização da memória. Tem os que meditam e os que fazem sopa. Organizar a memória era importante e ele se aplicava nesse pastoreio laborioso desde que se aposentara, como quem alimenta um animal doméstico. A memória domesticada não o assustava. Por isso, ele estava tão forte e bem, quase um homem feliz, saltando entre as limitações crescentes da idade e as lembranças mais doídas, repleto da energia saudável que absorvia da sopa, caldeirão de quase tudo, mistura fumegante que lhe excitava as papilas, antecipando a primeira colher, a sopa sacrossanta da ressureição, como a apelidara.

O risco era que as recordações viessem destrambelhadas, como já ocorrera mais de uma vez. Elas chegaram numa cachoeira de imagens, inundando a paz do cotidiano, e só se interromperam na traição. Todo o fluxo torrencial se dirigia à única cena, aquela que não fazia sentido, não tinha lugar na cadeia lógica do mundo, aquela que não podia existir, e que, entretanto, tragava sua atenção, atraía e capturava toda a história anterior, submetia tudo o que veio antes a uma gravitação irremediável. O amor de sua vida e o melhor amigo, essa conjunção estava nas novelas da TV e não tinha como ser real. E, no entanto, era, para ele, a única realidade, deslocando tudo o mais para o fundo dormente e indistinguível. Por isso, recordar tornou-se tão perigoso. Relembrar significava, automaticamente, reavivar o tormento. Primeiro, Adriano adoeceu, rendeu-se ao desgosto. Depois, esgotadas as energias, o sentimento dissipou-se numa névoa sem nome. Um amigo, sabendo de seu amor pela música, o gosto por canções, a vocação pra cantar — foi assim que aprendeu inglês —, deu-lhe a gravação de um louvor: ouvi-lo o reanimaria. Cético, desdenhou da graça, deixou a coisa numa gaveta. Um dia, sem mais esperança, apertou o play do velho gravador e uma luz insondável explodiu seu coração. Ele chorou, chorou como criança, chorou sem parar, até extenuar-se, até que a emoção caudalosa lavasse a alma e o lançasse pra cima, longe da fossa, inaugurando a segunda parte de sua vida, a segunda chance pra ser feliz. Foi a terceira vez que chorou. Ele hoje está aberto a um amor inesperado que, porventura, o surpreenda. A mágoa, quando vem, ele a enxota; com destreza, a domestica, enrola a coleira no pescoço do bicho e o faz aninhar-se em seu quadrado. Ele hoje está aberto ao que vier, a memória disciplinada. Abre a boca para sorver o caldo apetitoso e picante, quando ouve as batidas na porta.

Enquanto batiam à porta, Adriano deu-se conta de que foram três vezes. Era pouco para uma vida inteira. Adriano chorou três vezes em 65 anos. Houve outras ocasiões propícias, muitas outras, mas o choro foi escasso, lição do pai, que o punia com a ameaça de que, houvesse choro, o castigo não cessaria. Os males que a gente sofre devem ser engolidos a seco: uma pancada se recebe com resignação, segue-se adiante, por mais injusta que seja. Injusta é a vida, afinal. Adriano seguiu, atravessou seis décadas que espelham a história do país. Das duas primeiras vezes, ele era criança, não se lembra bem. Ainda não tinha aprendido o que hoje sabe nomear com palavra estudada, termo que está ali na fronteira da psicologia com a educação, apontando para o encontro das águas caudalosas da paixão com o dique, ou o filtro, da disciplina: autocontrole. Adriano enche a boca e pronuncia, com orgulho: autocontrole. Era o artifício chave para crescer forte e vencer. Foi esse controle de si, perdido no episódio da traição, que o manteve desperto, aos seis anos de idade, levantando-se da cama às quatro da manhã para os serviços pesados da construção, ao lado do pai, servente de pedreiro. Depois, na lavoura, de volta ao interior, na região de Magé, ainda ao lado do pai, plantando arroz e aipim, cortando lenha e transportando a madeira até a estrada. Ou, de volta ao Rio, montando a barraca da peixaria na feira da Ilha. Preparava os jornais para embrulhar os peixes, não deixava fregueses esperando. A linha de produção tinha de ser ágil. A barraca era modesta, mas eficiente. Não brincava como os outros meninos, mas sentia uma alegria incomparável quando seus ganhos permitiam tranquilizar o pai, contando-lhe que saldara as dívidas penduradas na farmácia e no armazém. Na época, a palavra valia, vendia-se fiado. Atuar como ajudante de peixeiro rendia mais do que o ofício paterno, auxiliar de pedreiro.

Um menino que carrega o fardo da pobreza e da desigualdade é uma criança que nasceu, um dia, de uma mulher. Nascer é condição insuficiente pra quem aprende cedo as artes da sobrevivência. Depender de mãe e pai logo vira cooperação na unidade doméstica, empreendimento coletivo, divisão do trabalho. Sobra quase nada pra ócio, lazer, repouso. Na família de Adriano, parto fazia-se em casa, não por escolha, por necessidade. Segurança era garantida pela presença experiente da avó. Todos menos um dos irmãos de Adriano vieram ao mundo em casa. Hospital foi exceção. Dos nove irmãos, sobreviveram três. Tragédia comum, nos anos 1940 e 1950 do século passado, a morte precoce de crianças. Nasceram dez, vingaram quatro, era como se dizia.

No dia 14 de maio de 1954, sua mãe já calculava nove meses, sem muita certeza e precisão, porque, afinal, a natureza saberia, e pronto. Saber, nesse caso, valia pouco. Continuava seu périplo de Sísifo, lata d'água na cabeça, pra cima e pra baixo, nas ladeiras do Morro do Dendê. Luz não havia, nem água encanada. Quem se desse ao luxo de moderar o desgaste físico, ficaria a ver navios — o que, na Ilha do Governador, não deixava de ser um prognóstico verossímil. A mãe de Adriano não se fazia de rogada, malgrado o calor e a distensão do abdômen. Naquela data, faltaram-lhe ar e pernas, as pontadas agudas anunciaram a precipitação do nascimento, e mal houve tempo para chegar de volta à casa. A avó manteve-se inflexível, cansara-se da tarefa sem remuneração. Dinheiro não havia e Adriano veio ao mundo no sufoco, mãe e pai batendo cabeça para cortar o cordão, as providências cumpridas com susto, sangue e improviso. Nem sempre dar à luz uma criança é feito bonito de se ver, que merece relato elegante e poético. Dão-se bebês em todo o planeta, às luzes e às trevas. No Dendê, que antecedeu a Maré na biografia de Adriano, se o grande espírito esteve presente no parto chocou-se com revolta e ressentimento: cuidado de avó se compra? Ele ouviu a mesma narrativa repetida enquanto a mãe viveu, um deserto sem perdão, o começo que foi o fim de um laço nobre, sem recurso e revisão.

Batidas à porta, Adriano apoia a colher na aba do prato, afasta a cadeira, levanta-se.

Sendo ao mesmo tempo indiscerníveis e reveladores os mistérios do destino, foi justamente na data de seu aniversário, em 2019, que Adriano inaugurou a etapa mais surpreendente e transformadora de sua vida, o reencontro com os estudos, uma verdadeira experiência de renascimento, por insistência do filho e graças à oportunidade que o projeto EJA da Maré lhe proporcionou.

Ao longo da infância, Adriano sonhava com o colégio, tinha ganas de aprender, mas a família não podia abrir mão de sua energia inesgotável. O privilégio foi conferido só ao primogênito, a quem sequer apetecia o trunfo que o destino lhe concedia. O irmão mais velho desperdiçou a oportunidade, gastou os anos de colégio praticamente em vão. O pai era analfabeto e Adriano, mesmo sem frequentar a escola, aprendera com a mãe, que cursara até o terceiro ano, a ler, escrever e fazer as operações elementares.

Só aos treze anos dobrou as resistências familiares e matriculou-se na escola. O mais velho na turma, chamava a atenção e se envergonhava, mas durou pouco o incômodo. A professora percebeu suas habilidades e o conhecimento já acumulado. Resultado: Adriano saltou para o terceiro ano, baita desafio que enfrentou como um estímulo. Trabalhava aos fins de semana, estudava durante a semana. O arranjo não deu certo. Transferiu-se para o ensino noturno, assim pôde retornar ao trabalho diário. Logo depois, a miséria da família cobrava de novo sacrifício dos estudos e dedicação integral à busca de alguma renda mais significativa. Como o trabalho pesado nunca o assustou, aos dezenove, depois de um ano no Exército, tornou-se estivador. Carregava sacos de cinquenta quilos nos ombros, noite adentro. E foi nessa trilha que fez carreira, gradualmente promovido para tarefas internas nos armazéns e ao manuseio de maquinário, lutando contra a superexploração de que era objeto sua categoria, alcançando aqui e ali pequenas compensações e, finalmente, a aposentadoria, aos quarenta e cinco anos de idade. Em seus primeiros anos no Cais do Porto, trabalhou sem vínculo empregatício, sem carteira assinada, sem quaisquer direitos ou benefícios. Foi avulso, testemunhou muitos acidentes fatais e quase foi vítima, quando o cabo de aço do guindaste rompeu-se e um vergalhão despencou a seu lado.

Essa trajetória, que soa mais como calvário do que uma simples e mediana história de vida operária, não rima com sucesso e realização, sequer prenuncia ascensão social. Contudo, a filha de Adriano está cursando arquitetura na universidade e seu filho é engenheiro elétrico. Há vinte anos, desde a aposentadoria, Adriano se dedica a tarefas esparsas. Construiu uma casinha num lote que comprou na Maré com a pequena poupança, ajudou os irmãos, puxou laje para si e deu a casa para o filho, sempre cultivando o sonho de retomar os estudos, aprofundar-se no inglês e viajar à Austrália. Nada, nesse itinerário, é o que se poderia imaginar. Nem mesmo o capítulo mais recente, a volta às aulas, que poderia ter significado um renascimento, mas frustrou-se de forma dramaticamente anticlimática.

Adriano, de pé, ergue o copo e bebe um gole d'água fresca, porque a sopa fervente e picante lhe queimara a língua. Batem de novo à porta, agora com mais força.

Enquanto caminha, os flashes da memória perturbam sua atenção e ele esbarra o joelho na poltrona da saleta. Procura a sandália que o choque lhe tirara do pé. Dá-se conta de que os sinais do envelhecimento já não podem ser ignorados. As pernas não respondem como antes. Na juventude, não tropeçava, era firme, ereto como uma rocha, pronto pra levar o mundo nos ombros. Não enxerga mais sem os óculos, que agora estão embaçados pela fumaça da sopa. "Já vai", ele diz, para apaziguar quem bate à porta. "Tô indo". Adriano limpa os óculos na camisa. A divagação sobre a idade é célere, um tropel de imagens, embora tão incômoda quanto um tropel de imagens pode ser para quem se expõe ante um grupo de jovens e se humilha. As cenas se sucedem, as risadas da turma, as ironias por sua formação precária, incompleta, datada. Ele tomara coragem de retornar à sala de aula quarenta e cinco anos depois de ter trocado a escola pela estiva. Sentia-se renovado, mas temia, sabia-se vulnerável, alvo potencial do sarcasmo de quem ostentasse a potência arrebatadora da juventude. Aconteceu o pior. Piadinhas, meias palavras, comentários à sua participação crescentemente econômica, reservada. A superioridade esmagadora da juventude o esmagara. Apesar da simpatia, da generosidade compreensiva e respeitosa da professora e de grande parte dos colegas, que o encorajavam, incansáveis; apesar do enorme interesse que a metodologia de ensino lhe provocava, o desprezo explícito dos rapazes, a jocosidade sádica do bullying reiterado convencera-o a abandonar o EJA. Mais uma vez, desistia dos sonhos. Tudo levava a crer que o antigo projeto não passava mesmo de ilusão intempestiva. Desistir o deprimia e, dadas as circunstâncias, sobretudo o humilhava. De todo modo, quando o jovem lhe perguntou, o comediante da turma, diante do grupo, se já fizera exame de próstata, Adriano se crispou e decidiu-se. Não voltou. Seria capaz de superar aquele momento, fora capaz antes. Era cascudo, gostava de dizer para si mesmo. E evocava em silêncio o velho orgulho pelo autocontrole.

Sandália de volta ao pé, "Já vai", Adriano avança, esforçando-se por vencer a curvatura que a dor de coluna intermitente lhe impõe, avança mais dois ou três passos e abre a porta. A professora sorri, à frente dos colegas da turma. Lá estão todos eles, as alunas, os alunos, o comediante e seus cúmplices, ninguém sorri, estão calados, olham-no fixamente, só a professora sorri, os olhos marejados. Ela não diz nada, Adriano não sabe o que dizer, ela o abraça tão forte que os outros se comovem, ninguém sabe o que fazer, ninguém diz nada. Adriano não pode desistir, não dessa vez.

No dia seguinte, Adriano entrou na sala de aula um pouco antes da hora. Ninguém tinha chegado. Precisava consertar aquele relógio.

Adriano ainda usa relógio.

AS ARTES DA GUERRA E DA PAZ

Anos sessenta, João Pessoa. A história se repete, nem tragédia nem farsa: contradições enlaçadas, estampadas no pasquim. Compactadas na memória ficam mais ou menos assim. Um cordel com voz urbana, que alguém soprou pra mim.

Rapaz engravida moça menor de idade. É informado, duvida da paternidade, antecipa problemas com a família dela, outros tantos se assumir o filho. Não está na hora de formar família, nem ganha pra isso. Melhor sumir. Parte pro sul. Escolhe o Rio pra se estabelecer. Os postais eram mais bonitos. Diziam que era maravilhosa, a cidade. Devia ser. São Paulo não tinha mar. A viagem é longa que não acaba mais. O homem desce do ônibus com as pernas duras e os pés inchados. Trazia a maleta com duas mudas de roupa e um endereço. Caminhou cidade acima, abaixo, e não viu o mar nem achou beleza nenhuma. As pessoas falam demais. Bateu na porta, debaixo do número 51. A casa ficava dentro da vila, que ficava dentro do bairro, que ficava na Zona Norte. Sabia de cor. Estava no primeiro papel. O segundo papel era o bilhete pro dono da casa: "Seu Nei, esse é o Feliciano, filho do Adamastor. Receba ele como eu recebi Nelsinho. É só o que peço. O homem é honesto e trabalhador. Deus te abençoe. Matias, seu criado".

Cinco meses depois, bate à porta debaixo do número 51 Nazinha, de ventre estufado, neta de Amantino, conhecido de Anacleto, primo de Matias. Embarcada nas voltas que o mundo dá, deu-se que a capital da Paraíba, não sendo tão grande assim, levou uns e outros a se acertarem. Afinal de contas, homem tem de constituir família se fez mal à moça, e não há paradeiro nos confins em que não se encontre quem deve ser encontrado, segundo as leis divinas e a vontade do sogro e dos cunhados, gente séria, pobre, mas séria, que não ia deixar ficar por isso mesmo a safadeza do Feliciano. Não tem desculpa. Fugir não é obra de homem. Nazinha não solicitava abrigo. Queria água e as instruções pra chegar ao lugar em que se metera o pai da criança. Causa nobre. Seu Nei era nordestino o suficiente pra respeitar mulher grávida e a sacrossanta instituição do matrimônio. Não ia deixar na rua a futura mãe, bestializada, à deriva. Fez questão de levá-la ao futuro marido, em seu DKV. Entregue a encomenda, não ficou pra testemunhar refrega. Cumprira sua parte, como cristão. Dali em diante, era com eles.

O casal procurou uma casinha. Os preços estavam pela hora da morte. Descobriram um barraco na Maré, suspensa em palafitas. Foi ali que a mulher deu à luz. A menina era robusta. Feliciano saiu pra encher a cara. A vizinha consolou a mulher: todo pai bebe pra comemorar. Não foi o caso. Rosa não podia ser filha de Feliciano, ele rosnava de si para si. Embriagado, falava alto pra esposa ouvir. Ouvir e temer, porque na voz a pessoa traz o sentimento, e o sentimento é promessa de ação. Promessa ou ameaça. Nazinha temia e tremia, e assim viveu anos a fio. Rosa foi criada pelo medo, filha do medo, enquanto os pais tentavam trocar, tanto quanto possível, sua linguagem de origem pelo idioma carioca. O preconceito contra os nordestinos sempre foi ostensivo no Rio, como o racismo que até hoje atinge os negros e, sobretudo, as negras. Mascarar o sotaque e adaptar o vocabulário eram artifícios defensivos.

Feliciano tirou a sorte grande. Empregou-se em firma rica. Salário era maior do que jamais sonhara ganhar. Nem por isso a comida em casa era farta. A mulher fazia milagre com a raspa da xepa. Não via a cor do dinheiro. O homem gastava fora o que recebia. Sumia, sem avisar, aparecia sem explicar. Cobrava à mulher que lhe prestasse obrigações de esposa e a machucava. Fazia aquilo com gosto e desaparecia, de novo. Com o tempo, a esposa aprendeu a furtar-se à lubricidade bruta do marido. Nenhum dos dois tinha estudo, mas ambos sabiam o que era um duelo. Um tinha a força e impunha seu domínio com os músculos, outra tinha uma razão pra sobreviver. A filha crescia, assistindo ao espancamento repetido da mãe.

Também na guerra a humanidade procria. Nazinha teve mais uma filha e dois filhos. Feliciano nunca disfarçou a preferência pelos três cuja paternidade lhe parecia assegurada. Rosa apanhava e era forçada a zelar pelos irmãos. Cozinhava, limpava a casa, os levava ao colégio, que ela também frequentava quando os afazeres domésticos permitiam. A mãe saía cedo pra trabalhar e garantir comida na mesa. Nem assim as crianças escapavam da fome. Os filhos de idade próxima vestiam a mesma sandália, o mesmo uniforme, por isso estudavam em turnos diferentes. O mais difícil para Rosa era engolir o choro quando apanhava ou via a mãe ser agredida. O pai lhe avisava que o choro o deixava transtornado. Ela se esforçava, em vão.

Certa vez, Feliciano trancou os dois filhos e a filha mais nova no quarto, amarrou a mãe, aplicou-lhe a mordaça e obrigou Rosa a acompanhar a cena de perto. Se ela chorasse, a mãe apanharia. Rosa descontrolou-se, não conseguia interromper os soluços. A cada soco desferido, a cada chute, ensinava, didático: "Chora que ela apanha. Quer matar sua mãe?". Rosa chorou e ele bateu até cansar. O pai saiu como de costume, Rosa desamarrou a mãe, ajudou-a nos curativos, consolou os irmãos. Por mais de uma semana, Nazinha, inchada, roxa, repleta de hematomas, mal caminhava e ludibriava as vizinhas com mentiras que inocentavam o marido. Prostrou-se, recusava-se a comer o pouco que havia, emudeceu. Um dia, foi embora com um embrulho de roupas. Nunca regressou. Desapareceu.

Desde então, coube a Rosa a totalidade das tarefas domésticas, que antes dividia com a mãe. Sem a mediação materna, que negociava com o pai as migalhas que sobravam do salário, os alimentos rarearam ainda mais. O pai passou a levar um amigo pra beber em casa. O sujeito voltava quando Feliciano estava fora e abusava de Rosa e sua irmã. O pai jamais acreditou nos relatos aflitos das filhas. Desdenhava os apelos das meninas, humilhava Rosa e afirmava que a mais nova tinha sido induzida pela primogênita a inventar as narrativas pornográficas. Prosseguir na denúncia era certeza de punição. O amigo do pai tinha o caminho franqueado pra repetir as violações.

Rosa conquistou o afeto da professora e da diretora da escola. Apiedaram-se, vendo as crianças chegarem ao colégio sujas e famélicas, atordoadas feito bichos enxotados da toca. Intimaram o pai. Ele seria denunciado se os filhos continuassem maltratados e maltrapilhos, molambos subnutridos. Outros aliados eram as beatas católicas da entidade que recrutava fiéis nas redondezas. A irmã de Rosa encantou-se com o carinho, experiência inédita em sua trajetória, e aderiu à igreja. Obtinha ali proteção, que procurou estender à família.

Entre os nove e os doze anos de Rosa, o pai a obrigava a redigir cartas à mãe, que ele ditava, repudiando suas tentativas de reaproximação dos filhos na correspondência abundante que lhes enviava. Depois dos três anos buscando estabelecer contato com a prole, vendo-se destratada e rechaçada, seguidamente, a mãe desistiu. A chuva de cartas cessou e a esperança de Rosa secou, consumida pelo deserto que era sua adolescência. Por um lado, ela não compreendia nem perdoava a mãe por sumir e abandonar a ela e a seus irmãos, por entregá-la, indefesa e vulnerável, à violência paterna. Por outro, desejava revê-la, ansiava por seu amor. Quanta decepção. Rosa jamais descobriria o paradeiro da mãe. Esse desejo nunca se realizaria.

Sem a cobertura materna, Rosa se expunha mais a atritos com o pai. Quando, no meio de um ataque verbal especialmente incisivo, ele reprovou seu ócio, subestimou seu empenho diário em fazer a casa funcionar, chamou-a de vagabunda, Rosa indagou se aquelas palavras significavam que ela estava autorizada a trabalhar. Era isso mesmo. Não só autorizada, intimada. A menina já tinha dezesseis anos e almejava um emprego qualquer para se libertar. Encontrou-o, graças à comunidade católica, numa fábrica de sapatos. Desligou-se da escola no sétimo ano do Fundamental. Seria eternamente grata à diretora e, com estima incomparável, à professora. No futuro, Rosa criará as condições para que suas filhas estudassem na escola da qual a antiga, admirada, querida professora se tornará diretora. Mas não chegamos ao futuro. Ainda estamos atravancados no passado, aquela jornada de pedra que exigiria um rodopio épico do destino e a luta heroica e contínua de Rosa para se transformar num percurso construtivo e saudável.

Aos dezoito anos, soube que estavam abertas as inscrições para o processo seletivo numa empresa que se preparava para inaugurar restaurante de gastronomia italiana no Centro da cidade. Ali, Rosa encontraria seu terceiro apoio na vida, seu grande mentor. Apresentou-se desgrenhada, saia muito curta, cabelo sujo, unhas pintadas em cores berrantes, sandália de dedo e um vocabulário escasso e rude. Ignorava regras de etiqueta, moderação nas interações, contenção do ímpeto belicoso e autocontrole. A agressividade era a linguagem que Rosa conhecia e aplicava para sobreviver. A grosseria era o legado de seu percurso biográfico, no qual cultivara as artes da guerra, para as quais o convívio familiar a adestrara. A violência era sua forma de vida e o modo conhecido de relação com o mundo. Divergência era desde logo entrevero, conflito era confronto e uma simples pergunta podia ser a centelha para o estouro da boiada. Rosa estava sempre de prontidão, armada até os dentes, antecipando, na aproximação do outro, ameaças, humilhações ou avanços sexuais abusivos. Defendia-se antes do ataque presumido. Rompia laços antes de tecê-los. Sua vocação era o isolamento, a anulação do afeto, o bloqueio da empatia, a negação da generosidade e da compaixão.

Na recepção, Rosa identificou personagens fadados à exclusão preliminar no processo seletivo. Eles se destacavam do elenco bem produzido, que atendia aos padrões tradicionais do bem vestir-se, maquiar-se, pentear-se, portar-se. Bonecos pra servir às elites. Ela, não. Tampouco aquele cara com cabelão rastafári, de bermuda, nem aquela gorducha de bustiê, ressaltando a pança, ou aquele sujeito afetado, de calça branca justíssima, com piercing no nariz, nem aquela bunduda exibida, decote até o umbigo e braços tatuados. Que fauna, ela pensou, incluindo-se no grupo dos condenados a serem descartados. Pois foram esses os escolhidos. Jesus não dizia que os últimos serão os primeiros? Foi o que aconteceu, ela deduziu. Quem oficiou aquele milagre, aquela extraordinária inversão de expectativas, foi Luiz Henrique, o chefe. Ou é louco, ou não tô entendendo nada, proclamavam as vozes na cabeça de Rosa, feliz como só ela, embora preparada para o golpe que talvez estivesse à espreita na primeira esquina. Será uma armadilha? O que esse maluco quer de mim?

Escolhida, convocada para o primeiro dia de treinamento, Rosa entrou na sala atrasada, empurrando a porta com estrondo, depois de subir a escada com estrépito. Sentou-se, mascando chiclete e fingindo indiferença ao olhar curioso e reprovador dos demais. "Bom dia, Rosa, tudo bem? Esses rapazes e essas moças são colegas seus. Nós todos vamos estar juntos por dois meses, treinando para a abertura do restaurante. Vocês formam um grupo com muito potencial e eu estou contente, animado e convicto de que vai ser um sucesso. Agora, me permita lhe sugerir que evite mascar chiclete durante o treinamento, já que, como garçonete, você não poderá mascar, OK? Sugiro também que você cumprimente o grupo, quando chegar. E não chegue atrasada, por favor. Isso vale para todos. Aproveito para lhe mostrar outra coisa. Venha comigo." Ele desceu a escada. Ela o seguiu. "Agora, suba." Ela estranhou, mas obedeceu. "Observe como se faz." Ao contrário de Rosa, que pisava com toda força, fazendo muito barulho, Luiz Henrique subiu degrau por degrau, sem estardalhaço. "Não precisa bater o pé." Voltaram à sala. Ele prosseguiu:

"Vou abrir e fechar a porta. Você vai fazer igual. Presta atenção". Ele girou a maçaneta da porta, pressionando-a para a frente. A porta abriu sem estalar. Ela repetiu.

Trinta anos depois, Rosa se lembraria com saudade de seu mestre, mentor, padrinho, aquela figura irreal que parecia ter vindo ao mundo para salvá-la do medo e lhe propor um pacto com as pessoas e as coisas. As relações com os objetos e os seres humanos poderiam ser mais amáveis. Livrando-se do medo, conquistando a confiança de quem conquistara a sua, as portas e escadas estavam abertas. Bastava prosseguir.

No último dia de treinamento, Luiz deu a Rosa um ingresso para o filme "Uma linda mulher", mas avisou que dera outro a determinado colega e que eles deveriam ir juntos. Rosa rebelou-se. O que significava aquilo? Ela não se venderia. Luiz Henrique explicou: "A última lição é esta. Um homem e uma mulher podem ser colegas e amigos. Só isso".

"Que saudade do Luiz Henrique." Perdeu-o de vista depois que o restaurante faliu e ele, parece, mudou-se para São Paulo. Há poucas pessoas assim. Dali, Rosa empregou-se numa lanchonete até se casar. Teve duas filhas às quais se dedicou em tempo integral durante dez anos. Faria qualquer coisa para evitar que elas sofressem. Pelo mesmo motivo, valorizando a presença protetora de um pai amoroso, estendeu o casamento até que as meninas se tornassem adultas. Após a década entregue à educação das filhas, Rosa retomou os estudos, aproveitando a oportunidade de concluir o Fundamental em um curso supletivo.

Apesar de tanto cuidado e afeto, uma delas padeceu, ao longo da adolescência, as consequências de um encontro fortuito e traumático com a tragédia. Da porta de casa, viu um homem ser morto. É o preço que se paga por morar na Maré, Rosa pondera. Ela ama a comunidade, que a viu nascer e crescer, mas considera, contra a vontade, a hipótese de se mudar para um bairro que a polícia não invada, atirando pra todo lado. A filha mergulhou em depressão, por um período, e carregou consigo os efeitos da síndrome do pânico. Foi claudicante na escola e demorou a superar o choque, enquanto a irmã avançava sem sobressaltos, rumo à faculdade de enfermagem. Hoje, depois de ingressar no Ensino Médio oferecido pelo EJA com a mãe, que a persuadiu a retomar os estudos e se dispôs a acompanhá-la, está de volta à vida doméstica, porque se casou e engravidou. Rosa preferia que a filha combinasse a maternidade com os estudos, mas entende a decisão, cuja virtude reconhece e que também poderá ser pródiga em ensinamentos.

Perdoar o pai foi difícil, mas ela conseguiu vencer os ressentimentos acumulados. Rosa lamenta que tenha se perdido da mãe — hoje consegue entendê-la, ou quase —, e que o pai tenha falecido sem ter conhecido a mulher em que ela se transformaria. Esperava que ele tivesse tido tempo e coração para sentir orgulho da primogênita que depreciara. A irmã de Rosa é um sucesso. Ganha um bom dinheiro, é respeitadíssima em seu meio profissional, fez da gastronomia mais que ofício, arte. Os irmãos, nem tanto. Ela teme que o espelho do pai continue projetando algumas sombras, por isso chamou para si a responsabilidade de criar dois sobrinhos.

Sua própria trajetória profissional a levou a uma função exigente e valorizada, que lhe impõe riscos, trabalho árduo e elevado grau de perícia técnica, mas a remunera decentemente. Rosa está encarregada da limpeza hospitalar em uma importante unidade de saúde.

Seria injusto concluir o relato, conferindo ao EJA da Maré papel coadjuvante na história de Rosa, resumido em um parágrafo modesto. O curso tem sido bem mais que um suporte secundário e transitório na evolução educacional dessa mulher guerreira, que aprendeu a desarmar-se para lutar com mais força. Ela atribui ao EJA, à sua professora, à metodologia e aos colegas, a descoberta de um novo mundo. Não se refere somente aos conhecimentos que adquiriu, mas à consciência gestada ao longo desses meses de trocas, debates, questionamentos e reflexões. A ignorância a seu ver mais danosa não é a falta de informações. São os preconceitos, as convicções baseadas em crenças insustentáveis e inconsistentes. É a zona de sombra que nasce da desvalorização da política e cega o cidadão para os direitos e deveres da cidadania. Hoje, ela domina um vocabulário que antes subestimava ou desconhecia, o que a tornava impotente para pensar, julgar, avaliar, decidir e participar. Palavras tão importantes como capitalismo, socialismo e democracia. Ela habitava uma realidade a cujo mapa não tinha acesso.

Rosa convida: vamos conversar sobre política? E pergunta, pois aprendeu que uma pergunta às vezes vale mais que mil respostas: por que os métodos do EJA não são aplicados nas escolas? Por que os professores e as professoras não são formados para ensinar como os professores e as professoras do EJA?

ALÉM DO VALE DA SOMBRA E DA MORTE

"Deus mandou te avisar que você está no vale da sombra e da morte, mas será salvo." Foi o que o pastor disse a Ronaldo quando ele atravessava o pior período de sua vida e já tinha perdido a esperança. Sua trajetória tinha sido marcada por quedas e superações sucessivas, o que o deixava cético quando se erguia, e devia lhe infundir otimismo quando tombava. Não era assim que acontecia. Ceticismo na luz, sim, mas confiança de recuperação ao despencar, não. Entretanto, se a palavra era de um homem santificado e a mensagem vinha de Deus, por que duvidar? Abriu seu coração, mais uma vez, aos sentimentos positivos. Apagou da mente, ao menos provisoriamente, a culpa que sentia pelo falecimento da mãe. Enxotou pro inferno o ódio que nutria dos assassinos de seu filho postiço, um menino bom e ingênuo, que havia se deixado atrair por uma facção do tráfico e acabara fuzilado por outra. imaginou banhar-se no rio Jordão para limpar as impurezas e o sangue que provinham do mal que praticara. Orou para exorcizar o desejo de vingança por tanta brutalidade de policiais contra inocentes, pela torpeza mais vil e cruel contra os menos inocentes, e também pela corrupção mais despudorada, que se manifestava no 'arrego' com os culpados. Clamou a Jesus para protegê-lo do mal que se infiltrara em sua alma, envenenada pela raiva desmedida do teatro hipócrita, encenado por aqueles que condenavam à marginalidade quem se tornara marginal por obra e graça das covardias sofridas.

Se nada justificava o crime, sobretudo o crime violento, tampouco seria justificável a perseguição racista, o achincalhe de moradores, a humilhação dos pobres, o desrespeito às comunidades, o esculacho de favelados. Era assim que Ronaldo pensava, nos momentos em que as emoções extremas cediam e o deixavam em paz. Tinha feito coisa errada, não negava, embora estivesse no lado certo da vida errada. Admitia os pecados. Mas atribuía somente a Deus, não à justiça parcial e imperfeita dos homens, legitimidade para julgá-lo. De todo modo, já tinha quitado suas dívidas com a sociedade. Anos a fio na prisão serviam pra que senão aumentar a revolta e atiçar o que há de pior em cada um. Ele era a prova de que esmagar o ser humano na jaula infecta, lotada de condenados esquálidos, famintos, doentes e deprimidos, não fazia nenhum sentido.

Ronaldo reconhecia que, hoje, é outra pessoa, mas a mudança não poderia ser atribuída às torturas de que fora vítima, aos tiros que levara, aos escrachos e chantagens de policiais, às dores que lhe impuseram e às humilhações que degradavam o que restava de sua dignidade. Mudança era coisa de Deus, intervenção de Jesus na vida de alguém, ação do Espírito Santo nos corações. "Graça a gente recebe quando Deus abençoa. A gente tem é que se preparar para receber a dádiva do Senhor. Tem de estar preparado. O coração não pode estar em fogo, queimando no desespero e no rancor."

Ronaldo tem fé. Sua crença tomou conta dele no dia em que, criança ainda, leu uma passagem bíblica do Apocalipse que se referia à necessidade de temer a Deus. Quem não é temente, não tem limite, a ambição não tem limite, a vontade de poder não tem controle, seu destino será devorar os outros até ser devorado por outras feras. Homens que não temem constroem a Torre de Babel, querem imitar a divindade, chegar ao céu, tomar posse do paraíso, planejam ser deuses. "Tem pecado maior?", indaga. Ele mesmo responde: "Não tem, o livro sagrado diz que não tem. Desde aquele instante, ouvi e guardei o ensinamento. Eu temo. Temo a Deus, mas medo de homem tenho não". Ele pondera e admite que o destemor dos outros pode muito bem converter-se numa fonte de perdição. Cumpriu esse papel em sua trajetória. Ronaldo sempre foi, e se orgulhava de ser, valente e abusado. Não levava desaforo pra casa, organizou brigas de galeras em bailes funk, provocou macho arrogante, vingou-se de insultos, reagiu a desafios, meteu-se com gangues, não recuou em confrontos, aprontou salseiros pra virar o jogo de poder em territórios disputados, fez carreira à margem da via média que recomenda prudência, empatia e compaixão.

Ele afia a voz quando enuncia convicções. "Jesus opera em você e a verdade liberta." Por isso, insiste em proclamar em alto e bom som todas essas verdades. Desafia quem o desminta, olhando-o nos olhos. Não há como dourar a pílula, muito menos mentir. "O que afirmo todo mundo sabe que é verdade, todo morador de comunidade e todo policial." Ronaldo diverte-se, ironizando o discurso das autoridades sobre guerra às drogas. "Como assim, guerra às drogas?", provoca, e continua mais ou menos na mesma toada, constatando que os guerreiros matam quem vende pra se apoderar do estoque e vender, depois de separar a dose pra consumo próprio.

Ronaldo identifica dois outros fatores que contribuíram para sua transformação, além da intervenção divina: o amor da mãe e o afeto entre as pessoas, quando são sinceros e leais, e a educação. Não a educação da escola, professores trabalhando com cuspe e giz, dando aulas enfadonhas sobre assuntos que não interessam aos alunos e gastando a maior parte do tempo tentando impor a disciplina. Ensino que é só decoreba não emociona, não desperta a consciência, não encanta, não lança os estudantes na roda-viva do mundo, questionando, fazendo pensar, repensar, refletir. Ele conta que está tendo uma experiência inteiramente original e inspiradora no EJA da Maré. Nunca havia imaginado que pudesse ocorrer o que testemunha todos os dias em sua turma. Ninguém desrespeita ninguém, todos são bem-vindos — aliás, todos e todas —, sem preconceito, as opiniões podem se expressar sem censura, a divergência não vira pancadaria, o grupo participa ativamente sem que ninguém fique de fora, seja excluído ou marginalizado. Será que uma comunidade inteira poderia ser daquele jeito? Com suas palavras, é a questão que lhe vem à cabeça. Ronaldo passou a considerar a sala de aula do EJA, com sua metodologia e seu dinamismo, o modelo da sociedade ideal.

Acima de tudo, no centro de sua biografia, no lugar de honra de sua filosofia tão pessoal, no alto do altar que venera — Deus há de perdoar —, está sua mãe, que morreu de desgosto, quando descobriu o que seu filho estava aprontando. Essa cruz Ronaldo carregará para sempre. Nenhum martírio expiará a culpa que o oprime. A culpa tem sido a maior punição. Aquela mulher negra, meio independente, meio escrava, recusou os remédios e a alimentação que a teriam curado. Confessou que buscava a morte, que preferia o fim a ver o fim do filho e sua degradação moral.

Ronaldo foi o quarto de seis filhos. Todos moravam com tios, primos e a avó materna no mesmo barraco, em bairro próximo à Maré, para onde ele só se mudaria depois da tragédia. O pai era um playboy louro e rico, em cuja residência a mãe era empregada doméstica. Gerada essa dinastia à margem do matrimônio, a avó paterna exigiu que o pai reconhecesse a prole e contribuísse para sua sobrevivência. Na origem, portanto, a família em que Ronaldo cresceu era fruto do racismo e de uma modalidade esquisita e perversa de relacionamento, que mistura abuso e consentimento, hierarquia e obediência, domínio e aliança. Claro que não há equilíbrio nessa mistura. Sabe-se que a balança pende para o polo poderoso, o resto é estratégia de resistência.

Sua biografia traz a marca da desigualdade e da injustiça. A distância entre a mansão paterna e a casinha materna equivalia àquela que separava os sentimentos que nutria pela mãe e pelo pai. Prato cheio para psicanalistas e antropólogos, quem acabou vasculhando a vida da família foram policiais, juízes e promotores. Eis aí o sinal de que a sociedade tem tratado de suas feridas com ácido e ferro em brasa, enquanto não for viável a amputação. Ronaldo sabe que fez parte, ao longo de seus 48 anos, da parte descartável do corpo social. Não está mais disposto a agir para confirmar os piores vaticínios, fundamentos da política do descarte. Não quer mais fazer o jogo dos que o desprezam e rejeitam. Agora, encontrou sua turma. Isso é muito bom. Quer sair do EJA pronto a investir na formação técnica superior e abrir uma firma em que haja espaço para desenvolver seus potenciais. Vida nova.

Ronaldo deseja dedicar sua vida nova a ajudar outras pessoas a saírem do crime e recomeçar. Por que não?

TODA MUDANÇA CUSTA CARO

Diz-se que quando um membro da família começa a fazer psicanálise toda a família se desestabiliza, sentindo-se devassada pelo olhar agudo do terapeuta que atravessa couraças, defesas e resistências, e expõe a verdade que todos ignoram, mas pressentem. Ninguém suporta admiti-la e encará-la. Ela é ininteligível para quem constrói as crenças sobre o mundo e as imagens de si sobre sua negação, base tão firme quanto areia movediça. Face à exploração interpretativa do funcionamento psíquico, a velha ordem estremece — ordem feita de poder e convicção, medo e desejo —, o antigo consenso é ameaçado e as relações se revelam vulneráveis. A ansiedade percorre a rede doméstica e a dinâmica anterior corre o risco de entrar em colapso. Esse processo não acontece somente com a análise. Toda transformação profunda se alastra e desequilibra o que está em torno de seu epicentro, mesmo porque, no caso das famílias, o equilíbrio de suas estruturas tende a ser precário.

Os relatos dos estudantes atestam que o EJA na Maré tem representado mais do que um artifício para reinscrever-se no mercado de trabalho. Tem correspondido a uma experiência transformadora, ampliando expectativas, questionando preconceitos, provocando reexames de si, estimulando a reflexividade, favorecendo a gestação de novos projetos, na esfera do trabalho e na dimensão do governo de si. Portanto, como seria previsível, os efeitos, embora benéficos para os alunos e as alunas, nem sempre são bem absorvidos e metabolizados por familiares, vizinhos e amigos. Os impactos indiretos afetam indiscriminadamente, porém com mais probabilidade de se tornarem disruptivos quando os estudantes são mais velhos e vivenciam relações mais duradouras, cujos padrões costumam ser mais refratários a mudanças. Tudo depende do engajamento dos cônjuges com o desenvolvimento intelectual do parceiro. Cursar o EJA pode fortalecer vínculos quando se compartilham as descobertas e a esposa ou o marido não se sente excluído e inseguro nos planos intelectual e profissional.

Marlene cruzou a última esquina a caminho da sala de aula sem pensar. Havia automatizado o trajeto. A cabeça a mil, já conectada com o tema que seria debatido nas mesas ao redor das quais os grupos de alunos se sentavam. A contagem regressiva para o fim do curso apertava seu coração, tanto ela se apegara à professora e à turma, que tinha se convertido em uma espécie de família. Ela só sentia algo parecido na Assembleia de Deus, que frequentava havia cerca de dez anos. Repetia com orgulho: "Sou assembleísta roxa". A igreja e o EJA eram suas referências. Doía pensar que em breve o grupo formado por uma química única se desfaria. Parecia que Deus escolhera, uma a uma, cada pessoa. Que a professora era abençoada, iluminada, nenhuma dúvida. Como poderia agradecer-lhe, fazê-la saber de seu afeto, sua admiração? Palavras o vento leva, sussurrava de si para si. Agradecer não bastaria. Todo mundo vai beijar a professora, emocionar-se na despedida, e ela nunca vai saber com que sinceridade Marlene sentia o que lhe diria. Se é que teria força para falar na hora H. Se tivesse dinheiro para um presente do tamanho de sua gratidão... mas não tinha. Como fazê-la entender o significado daquele curso, a importância em sua vida?

Ela seguia de cabeça baixa, a bolsa pesada com o material da aula no braço direito, no ombro esquerdo a outra com algumas poucas compras para o lanche. Depois da aula já seria tarde pra jantar, ela e o marido costumavam lanchar, tomar um café com leite e deitar, estafados.

A rua mal iluminada e repleta, uns voltando pra casa, outros saindo pro trabalho noturno. Subitamente, um tranco na respiração, um nó na garganta. Que silhueta foi aquela que mergulhou na sombra numa fração de segundo? O coração de Marlene disparou. Ela estancou. Um frio lhe correu a espinha. Estavam comprovadas as suspeitas que nutria havia algum tempo. As desconfianças de que davam prova a irritação sem motivo, a procura de pistas nos bolsos do vestido e do blusão, o interesse mal disfarçado pelo celular da esposa, os gestos furtivos, as perguntas sem pé nem cabeça sobre colegas do EJA.

A radicalidade da aprendizagem tem mesmo o potencial para promover mudanças significativas. Mudanças que o outro nem sempre consegue nomear, cujos sinais são ostensivos, mas a direção indiscernível. A esposa tornara-se um mistério. Atrás do mistério o que estaria? Quem estaria? O crescimento da mulher humilharia o marido? Sua vida em comum seria descartável? Marlene sentiu um misto de medo e vergonha, e raiva também pelo absurdo, pela injustiça. Ela fora sempre um exemplo de fidelidade e recato. Sair à noite sozinha já havia sido objeto de comentário mordaz do marido. Sair para estudar, talvez isso fosse demais, não pela distância física ao longo de poucas horas roubadas do seu convívio, mas pela distância que o conhecimento pode estabelecer. Não o conhecimento que se acumula sob a forma de informações, mas o saber interrogar-se e indagar, a ousadia de duvidar. Esse é o exercício que solapa as certezas, inclusive aquelas que têm raízes no afeto. Se é possível descobrir novos significados para as palavras e até aprender outras, é também possível dar outros nomes às coisas, às coisas que se vive, e renomear os sentimentos. Quem sabe, talvez pensasse o esposo, ela não chama de amor, não mais, o que antes chamava? De fato, sequer chamava, porque era o que para ambos prescindia de linguagem. O amor está sepultado no matrimônio e ficará ali para sempre, ele supunha, acreditava, ficará ali sempre vivo como a flor que tem esse nome. O silêncio bastava para eles. E agora aquela eloquência, aquele gosto por palavras novas e outros nomes que não paravam de brotar, afrontando toda uma história que se fez com a certeza sobre eles dois, e o mundo ao redor, certeza de bronze que prescinde da voz. O mundo é sólido, ele pensava, e muda sem mudar, como a fé em Deus. Pelo menos a fé ela não perdeu, especulava — ou era assim que ela o via e decifrava o enigma de suas suspeitas e daquele medo contido.

Um dia Marlene ouviu a professora discorrer sobre profecias que se cumprem a si mesmas, ou seja, o que elas preveem acaba acontecendo porque as pessoas acreditam que vão mesmo acontecer e, por fim, fazem acontecer. Deu vários exemplos de que a aluna não se lembra, mas da ideia geral não esquece, porque desde que aprendeu essa lição se alarmou. Desde então anda atormentada com os temores do marido, as profecias que o atemorizam e poderiam precipitar uma tragédia. Ele nunca foi violento, mas situações extremas podem mudar as pessoas. Ela também aprendeu isso numa das discussões em grupo, na sala de aula. Marlene tinha medo das mudanças do marido, que temia as dela. No fundo, hesitava em culpá-lo, porque ela mesma reconhecia temer suas próprias mudanças. Pensar essas coisas a fazia estremecer. Ainda bem que era uma assembleísta roxa. Jesus, dai-me âncora para enfrentar a tempestade, ela orava, calada. Meu casamento é até que a morte nos separe, creio nisso, é o que desejo — confessava —, embora, me espionando, a revolta tome conta de mim e me encha de ódio.

O espelho dos medos pode nos dividir, multiplicar ressentimentos, potencializar a amargura e extinguir o que nós somos, ou melhor, o que fomos até aqui. Marlene tremeu quando divisou o vulto. Seria imaginação? Ela se tornara tão amedrontada com a desconfiança dele que adoecera de desconfiança. Deixara de confiar na sanidade do marido?

Depois da aula, aconselhou-se com a professora, que não se furtava a atuar como psicóloga, consultora, amiga e mãe. No dia seguinte, procurou o serviço de atendimento indicado. Não tinha por que atravessar a tormenta sozinha, no escuro.

O atendimento surtiu efeito. Marlene aprendeu a lidar de forma mais construtiva com a insegurança do marido. Entendeu que os processos de transformação ameaçam os parceiros e que, mesmo sem fundamento objetivo, os medos têm sua razão de ser. Não se tratava, portanto, de culpar o esposo, mas de ajudá-lo a compreender que ele teme a própria mudança, isto é, a transformação que pode ocorrer nele mesmo.

Nem toda comunidade oferece a quantidade de benefícios gratuitos que a Maré proporciona. Marlene nunca se arrependeu de se mudar para lá, dezenove anos atrás, aos vinte e um, quando se casou, abandonou a escola e o bairro em que nasceu, porque ganhou do sogro um apartamento em um conjunto habitacional bem localizado. Desde então, considera a Maré o seu lugar.

Afirmar que nunca se arrependeu talvez seja falso. Houve ocasiões em que duvidou se teria sido mesmo a melhor escolha, embora não conseguisse imaginar alternativa vantajosa que estivesse ao alcance da mão, ou do bolso. Momentos particularmente difíceis, que desafiam o amor pela Maré, foram aqueles em que a polícia entrou sem piedade e respeito pelos moradores, atirando e provocando tiroteios, sob os quais os lugares mais queridos viram terra de ninguém. Nessas horas ela pensa no filho. Em 2019, o pavor atingiu patamar superior quando o deslocamento de ar provocado pela rasante do helicóptero policial sacudiu sua camisa. O barulho ensurdecedor pareceu a Marlene mais aterrador do que o estampido dos fuzis, talvez pelo hábito: a repetição nos faz aceitar o inaceitável. O pior é a combinação dos dois, o monstro voador de aço e os tiros, que agora vêm também do céu. Antes, em meio à troca de tiros, a recomendação era jogar-se no chão. O procedimento não serve quando o ataque vem de cima. Então, que fazer? Qual a saída? Não tem. O jeito é tomar tarja preta. Várias vezes foi o que a livrou do pânico.

Até crianças têm recorrido a remédios fortes pra dormir e ganhar coragem pra sair à rua e ir à escola.

O medo é velho companheiro. Não é de agora que o perigo ronda. São muitas as lembranças de episódios assustadores. Quando se mudou para a Maré, passou maus bocados, porque um apartamento situado na coluna em que morava era muito visado pela polícia. Batidas eram frequentes e vinham acompanhadas de tiro e morte. Seu filho, criança ainda, dava pancadas com a cabeça no chão em desespero e pedia para que saíssem dali.

Certa vez, ela e o esposo foram despertados às seis da manhã por cinco adolescentes, dois dos quais talvez fossem pré-adolescentes. Marido e mulher já haviam conversado sobre a hipótese de que isso viesse a ocorrer. Decidiram atender ao eventual pedido de abrigo ou temiam não sobreviver naquela região, que ainda não conheciam bem. Portanto, cumprindo o combinado, acolheram os meninos. A incursão policial que começara de manhãzinha estendeu-se até as seis da tarde. Foi o dia mais longo da vida de Marlene. A cada som, uma descarga de adrenalina. Cada passo que parecia aproximar-se da porta a paralisava. Por algumas horas, os cinco garotos meteram-se debaixo da cama e ela se deu conta da loucura da cena: não eram guerreiros, eram crianças. Os meninos fecham os olhos e, não vendo, supõem não serem vistos. Ela chorou baixinho, porque não podia fazer barulho. Era iminente a invasão policial e a carnificina. Desejou adotar os meninos, cuidar deles, colocá-los nos braços. Seus olhinhos de pavor eram os mesmos de seu filho. Quis consolá-los, alimentá-los, aconchegá-los no colo. Eles estavam desamparados e perdidos, famintos de amor. A polícia não escolheu seu apartamento, passou ao largo. Dizem que a vida é um moinho, e é verdade, mas é também uma loteria, embora sob o comando divino. Acontece que ninguém sabe quais são os desígnios de Deus. Quando Marlene ouve o que se fala sobre traficantes acha que poucos sabem do que estão falando. Há muita infância desperdiçada e muito desamor. Pra virar a chave, ela não crê na guerra.

Todo sábado, Marlene sai da Maré e vai à Baixada, ajudar imigrantes estrangeiros. O intuito não é evangelizar. Ela não fala sobre religião. Seu sonho é dedicar-se de corpo e alma a acolher imigrantes, homens e mulheres em fuga de lugares piores, que chegam indefesos, sem falar nossa língua, perdidos diante de um mundo que lhes parece indecifrável. Talvez porque esteja, ela mesma, nesse trânsito entre formas de vida e linguagens, empenhando toda a sua energia na tarefa dificílima que é traduzir, construir pontes, derrubar muros. Ela não se cansa de repetir: não quero paredes, quero horizonte. Marlene deseja abrir o universo do conhecimento para os excluídos e levar, aos que se ocupam em produzir conhecimento e ensinar, a experiência de quem paga todo dia o preço da exclusão. Mensageira, mediadora, no fundo, sua vocação é ligar, dentro de si mesma, as duas pontas de sua vida, a liberdade e o casamento, a autonomia e o amor pelo companheiro, o deslumbramento com a riqueza do saber e a certeza apaziguadora da fé, o EJA e seu passado, a gratidão à professora e o orgulho de ter aberto para si mesma, e para quem se dispuser a seguir seu exemplo, uma brecha na parede.

UMA FOTO DE TERNO PARA A MÃE

O trânsito é pesado no começo da noite. Jader vinha da Barra para a Maré nesse horário e, quando conseguia sentar-se, gostava de se apoiar na janela e observar as pessoas nas calçadas até cochilar. Antes que o cansaço o derrubasse — oito horas trabalhando na limpeza esgotam qualquer um —, ele espiava os pedestres e se sentia um pouco culpado, porque detestava que os outros o olhassem. Queria ser neutro, desejava misturar-se à multidão, gostaria de ser invisível. Intuía que cada olhar trazia um grão de crítica e antecedia uma ironia, uma piadinha, um sorriso de escárnio que o humilharia e desnudaria. Era tomado por um misto de raiva e vergonha. Pelo menos já não sentia culpa, embora um amigo muito próximo lhe dissesse que todo aquele incômodo era resultado do que estava na cabeça dele. Portanto, ele ainda teria culpa de ser gay, mesmo tendo saído do armário e assumido sua sexualidade. Por que a vergonha? Raiva, tudo bem, era natural odiar quem agia com preconceito e o depreciava só porque ele amava de um jeito diferente.

Jader hoje sabe que a violência que sofreu na Paraíba se chama homofobia. Engraçado — engraçado, não, não tem nada de engraçado —, os mais velhos abusavam dele quando eram adolescentes e ele, criança, e continuaram a abusar depois de adultos, pareciam gostar de violá-lo, mas o acusavam de invertido, pervertido, mulherzinha e viado. Como se o culpado fosse ele. O pior é que durante anos a fio Jader concordava com esse juízo e penava com a culpa.

Ele era diferente dos outros, sabia disso desde pequeno. A tarefa agora era livrar-se da culpa e aprender a se orgulhar de ser como era. Ponto final. Ali é que tinha de descer. Já aconteceu de ser acordado pelo motorista.

Entrando na Maré, passando pelos meninos armados, sentindo os cheiros dos churrasquinhos que lhe abriam o apetite, saltando as poças, desviando das motos e bicicletas, ia pensando que talvez não fizesse mal perder uma aula. O cansaço o estava derrubando. Uma vez só. No dia seguinte não faltaria. Seguia, assim, matutando e recordando o tanto que mudou desde que chegou ao Rio, três anos antes.

Convidado pelas três irmãs que migraram primeiro, ele decidiu vir, depois de alguns anos hesitando, ouvindo sua mãe adotiva alertá-lo para a violência da cidade grande, sobretudo contra pessoas como ele. Muitos eram mortos só porque tinham seus modos femininos. Lembrou-se que tentara voltar aos estudos, adorava estudar desde a infância. Fizera um tremendo esforço para compatibilizar o trabalho e a frequência no Ensino Médio — ele concluíra o Fundamental no interior da Paraíba somente aos 17 anos. Sua vida tinha sido bastante atribulada. Dava um filme. De terror. Pensou e sorriu. Podia rir. A brabeza ficara no passado. O fato é que não conseguiu levar adiante o plano. Fazer as duas coisas ao mesmo tempo não deu certo. Trabalhar no setor de limpeza exauria todo cristão. Por outro lado, confessou para si mesmo enquanto caminhava e rememorava, as aulas eram chatíssimas. A maioria dos colegas também dava cabeçadas de sono e perdia a matéria.

Não era o caso no EJA, que agora cursava. Não mesmo. Adorava as aulas. Adorava a professora. A metodologia o encantava. Um dia era vídeo, outro dia, música, no outro, filme; na outra aula, data show, e sempre com debates animados. Inclusive, aconteceu um verdadeiro milagre. Ele tomou gosto pelas discussões e passou a perguntar e falar. Todo mundo respeitava, os colegas ajudavam, às vezes divergiam, elevavam a voz, mas numa boa. Ele nunca tinha se sentido em casa e livre no meio de um grupo. O EJA virou sua casa. Até de seu projeto ele falara. Queria fazer faculdade de direito para poder vestir terno e defender os indefesos, injustiçados. Mandaria um retrato para a mãe: Jader de terno, diploma na mão. Os colegas levaram a sério. O sonho das pessoas não pode ser desqualificado. Advertiram que seria difícil ser aprovado no Enem e mais difícil ainda estudar direito, mas não custava tentar. Aliás, custava, sim. A inscrição no Enem era paga. De onde tirar a grana? Jader recebeu de presente apoio da Fundação Roberto Marinho para obter a isenção da taxa de inscrição. Não cessava de agradecer. Contava a todo mundo, aos companheiros e chefes no serviço, aos colegas e à professora, no EJA, orgulhoso e grato. Mal acreditava que o sonho pudesse mesmo tornar-se real.

Sua timidez lhe fizera muito mal na escola. Não tinha coragem de abrir a boca e acabava não aprendendo, apesar de estudar bastante, com dedicação e prazer. Valia a pena cada aula.

Decidiu tomar um cafezinho no armazém do seu Olavo e ir direto pra aula. Se passasse em casa antes talvez cedesse à tentação e desabasse na cama. Gostava do lugarzinho que alugara. Um cômodo só e um pequeno banheiro, mas já estava ajeitadinho. Tinha geladeira e um fogão de duas bocas. Quando se mudou, era só o colchão e a cadeira. Aos poucos, foi comprando a crédito as coisas. O pessoal da empresa gostava dele, elogiava. Não havia risco de ficar desempregado. Dava-se ao luxo de se endividar. Pra quem viajou do Nordeste sem um real no bolso, estava muito bom.

Isso, sim, teve graça: desceu do avião na primeira parada, pensando que chegara ao destino, e quase fica em Salvador. Voltou correndo, o maior vexame. Nem apertar o cinto ele sabia. Avião. Quem diria, se conhecesse a história dele, que um dia entraria num avião e moraria no Rio de Janeiro, a cidade onde as coisas acontecem?

A vida é um longo aprendizado, ele ouvira essa frase bonita e passou a aplicá-la sempre que podia. Sentia-se mais maduro e inteligente quando a recitava. Seu melhor amigo, Danilo, fizera algumas ressalvas. Ele costumava fazer reparos ao que Jader dizia, o que certa vez quase provocou uma briga. Nem todo mundo aprende com a experiência, nem toda vivência ensina, além do que, como escreveu o grande escritor mineiro Pedro Nava — Danilo parceiro era metido a intelectual, só porque tinha lido um punhado de livros, o que, aliás, não é nada de mais para quem trabalha numa livraria. As palavras que Danilo citava eram mais ou menos o seguinte: experiência é igual a farol virado pra trás, não ilumina o que está na frente, não serve de orientação para o futuro.

Certa vez, Jader quis bancar o sabe-tudo e deu um passo maior que as pernas. E foi fazer isso logo na sala de aula do EJA. A professora lhe puxou o tapete. Ele ficou pendurado na brocha. Mas tudo bem, estava em casa. Ninguém sacaneou. Ela disse que esse grande escritor acabou se matando. O que significa, Jader deduziu, que o autor da frase talvez não fosse tão sábio quanto parecia. Danilo discordou. Afirmou com a maior convicção que o suicídio só demonstrava que o Pedro Nava estava certo. Antes de pirar, Jader preferiu pular fora daquela conversa que estava ficando muito complicada, embora complicado pra valer fosse seu passado.

Para começar a contar sua história complicada e comprida, Jader optou pelo começo mesmo. Seus pais eram alcoólatras, ou alcoólicos, como o corrigiu a professora. Bebiam todo dia até cair. Não é modo de dizer, era assim mesmo. Caíam no meio da rua ou da estrada, porque as áreas rurais têm mais estradas do que ruas. Não havia onde deixar o filho, criança novinha. Por isso, o levavam. No final do expediente, ou seja, do porre, Jader ficava zanzando por ali, chorando de fome e sede e, à noite, de frio e medo. Frequentemente, a vizinhança o recolhia e alimentava. As irmãs mais velhas safaram-se daquelas jornadas deprimentes e insalubres, que não eram senão abandono e maltrato do filho, porque foram cuidadas pela avó. O caçula não teve a mesma sorte. A mãe era violenta. Certa vez, ele já um pouco mais crescido, tentou afogá-lo. A bebedeira da mulher o salvara. Faltou força e equilíbrio à mãe. O quadro ia se agravando com o tempo. Jader queria estudar, os livros raros que folheava lhe pareciam fascinantes. Fingia, lápis e papel à mão, que escrevia. As surras o feriam, seriamente. Não o matricularam no colégio, a despeito dos pedidos repetidos do garotinho. Uma tia revoltou-se e o levou consigo. A nova casa era melhor, o clima era bem melhor, e ele só apanhou da tia tempos depois, quando, não se lembra por que, resolveu contar para o tio que a esposa o traía com um amigo do casal e o obrigava a escrever cartas de amor ao amante. A tia não sabia ler e escrever, e Jader já dera os primeiros passos nas letras. O tio não acreditou. Sobrou pra Jader vara de marmelo no lombo e um clima mais que hostil, dali em diante.

Gradualmente, a tia foi aperfeiçoando o método de punição até adotar o mais sádico: passou a castigar negando comida. Jader lembra com clareza o que era a fome, a fraqueza, o desespero, o mal-estar e a vertigem, o vazio que doía, a ânsia. Vazio que não era só físico e só seria preenchido por comida e amor.

A escola era sua rota de fuga. Lá, ofereciam lanche, que se tornaria por alguns períodos sua única base para a sobrevivência. Um dia, desmaiou. A professora apiedou-se, deixou a turma de lado para cuidar dele. Conversou longa e afetuosamente com ele e extraiu a confissão completa: as surras, o abandono, a fome como castigo, as cartas para o amante, a tentativa de afogamento. A boa senhora lhe propôs que se mudasse para sua casa, cuidaria dele, o adotaria informalmente, como era comum no interior. A mãe e a tia de Jader autorizariam, sim, ou seriam acusadas de abandono de vulnerável e abuso.

Entretanto, nem tudo seria tão simples. Embora Jader estivesse feliz como nunca na nova residência, a filha da professora, ao perceber que o amor materno abrira uma sucursal, não escondeu a insatisfação. O veneno do ciúme volta e meia provocava conflitos e as picadas do ressentimento foram se amiudando e intensificando, até atingirem um grau insuportável. Jader fez o que pôde para recolher-se a segundo plano, demonstrar que não disputava o amor da professora e provar que conseguia ser útil nas tarefas domésticas, às quais se dedicava com ímpeto e destreza.

Na vizinhança, riam dele porque não parecia suficientemente másculo e seus pais eram um par de alcoólicos miseráveis. Foi a época em que, transitando da infância à adolescência, os abusos eram mais frequentes. Os meninos o machucavam e humilhavam. Depois de alguns anos, reconhece que não saberia mais distinguir o que era violação e o que era prazer natural, e qual seria sua responsabilidade nos atos. Mesmo submetido pela força, não conseguia evitar o sentimento de culpa. Ouvindo os xingamentos degradantes, acatava-os, cúmplice passivo da violência. Era mesmo, e cada vez mais, diferente.

A diferença o rebaixava, porque ele tampouco a aceitava. A irmã postiça o hostilizava e compartilhava com a mãe os boatos homofóbicos que os garotos da rua espalhavam. Cansado das tensões e do acúmulo de tarefas domésticas, Jader aproveitou o adoecimento da mãe biológica, diagnosticada com hanseníase, para justificar o retorno à casa dos pais. Tinha de cuidar da mãe e ajudá-la a cuidar dos pais dela, muito idosos e enfraquecidos.

Jader tinha acabado de completar o Fundamental. Apesar do gosto pelo estudo, não tinha mais estômago para ouvir as insinuações e as brincadeiras agressivas. A culpa e a vergonha o impediam de reagir. Sua estratégia, nos últimos anos escolares, era tentar desaparecer, tornar-se invisível. Passou a frequentar o sítio da família de um moço que se dizia heterossexual. De novo, o trabalho doméstico pesava tanto que restou a Jader procurar a ajuda das irmãs, já no Rio. Uma delas foi visitá-lo e o convidou a vir com ela. A mãe, que não podia perder o apoio de Jader nas mil e uma funções que ele cumpria, convenceu-o de que o Rio era um inferno e ditaria seu fim. Jader ficou. Entretanto, apenas por mais dois anos. Afinal, já dera sua cota de sacrifício. Chegara a hora de viver a própria vida. Graças às irmãs que lhe arranjaram emprego com carteira assinada, sempre o incentivando a retomar os estudos, o final da história era feliz.

Sentia-se feliz, apesar de tudo, com sua casinha, o emprego do qual esperava saltar para o terno e gravata, alguns amigos e o EJA, sobretudo o EJA. Muita coisa mudara ao seu redor, mas a principal mudança aconteceu dentro dele. Quer uma prova? Jader abre o jogo: "Nem acredito que contei tudo isso, assim, sem vergonha e sem medo".

O TEATRO DE TODOS NÓS

Janira conheceu um rapaz muito simpático, bacana, generoso e inteligente, que era gago. A fala claudicante o fazia sofrer. Certa vez, depois de resistir, por motivos compreensíveis, aceitou o convite do professor para um papel na peça da escola. Papel quase mudo, o personagem praticamente não falava. Duas ou três frases, apenas. A surpresa foi que ele as declamou sem qualquer falha, atropelo ou hesitação. Em cena, ele não era gago. Encantou-se com a experiência e aprendeu que, assumindo o mesmo personagem fora do teatro, tampouco gaguejava. Bastava, portanto, no dia a dia, empostar a voz, adotar a postura corporal correspondente, deslocar-se até o ponto de vista imaginário do homem ficcional, tentar vestir suas emoções, e pronto. A gagueira sumia. Resultado: fundiu-se ao personagem e superou o que, para ele, era o maior dos problemas, seu grande limite. O preço que pagou foi se tornar outro.

A história que Janira conta sobre si é quase a mesma, pelo avesso. Ela é uma espécie de espelho do jovem amigo. Deixara-se prostrar na cama, exaurida, esgotada, indiferente a tudo, distante de si e do mundo, rendida a um sofrimento que a derrubara, vindo não sabia de onde, talvez do passado, das dores acumuladas, de três casamentos fracassados, dois relacionamentos abusivos, das perdas da irmã, do cunhado e do primeiro marido, com quem estivera casada por três anos apenas, aos vinte anos, e com quem construíra sua primeira casa, na Maré, seu espaço, seu pedaço de chão no território em que nascera e crescera. Esse estado de devastação ameaçava liquidá-la porque descuidara do corpo, que se arrastava esvaziado, como que separado do espírito. Ela enxergava no breu sua alma pendurada no varal, rasgada pela tempestade, lançada na lama. Recuperá-la requeria luz e força, justamente o que lhe faltava.

Uma biografia de dedicação, esforço, muito trabalho honrado desde os treze anos, fazendo cocada e costurando. Um enredo assim ativo produz lealdades. Graças a duas amigas que não desistiram dela, Janira se dispôs a sair da cama, permitir-se tampouco desistir de si, desviar-se daquela noite que lhe parecia definitiva e irremediável. Foram juntas visitar a Lona Cultural, e fez-se a luz. Janira encontrou no teatro a oportunidade, que lhe soava a princípio sobre-humana, de transformar-se em outra pessoa. Entretanto, não foi a transformação em personagem que a salvou. Ela não saiu da erosão psíquica porque se metamorfoseou em uma pessoa fictícia, como acontecera a seu jovem amigo. Pelo contrário, o exercício da mudança de perspectiva que a performance teatral propõe autorizou Janira a retornar a si mesma, redescobrir-se, ou melhor, reinventar-se. A mutação anímica abriu um repertório farto de possibilidades antes inconcebíveis.

Contudo, a redenção não se deu sem percalços e outra crise. Um belo dia, vibrando de energia entre novas companhias, elenco variado de mil e uma cores e identidades, gente com quem podia divertir-se e valorizar diferentes formas de vida, amor e arte, da dança à representação, Janira percebeu que não estava entendendo bem. Para dizer a verdade, não estava entendendo nada. Subitamente, deu-se conta de que migrara para a Torre de Babel. Onde achar um dicionário, a tradução, a chave? Ela vinha de outra época, outro mundo. Não que se sentisse aviltada, nada daquilo a chocava. Sua perturbação tinha a ver com o fato de que o sentido do que diziam lhe escapava, ela não tinha acesso às referências das tribos às quais, tardiamente, buscava aderir. Tinha ganas de pertencer aos grupos que conheceu na dança, no teatro. Ela era uma mulher madura, passara dos cinquenta anos. Meio século de travessia não é pouca coisa.

Às vezes balançava, contemplando o tempo perdido, e logo concluía que uma constatação desse tipo só contribuía para derrubá-la, uma vez mais. Afinal, era da idade que ela agora extraía a energia e o desejo de construir um futuro renovado e vibrante, portas e janelas abertas. O friozinho na barriga faz parte da ousadia graças à qual seu cotidiano ganhara um quê de aventura. A linguagem que seus novos amigos mobilizavam, as alusões a fatos, o cultivo de valores, a evocação de experiências, tudo isso refletia trajetórias distintas e, principalmente, relações diversas com as culturas e o conhecimento.

Janira abandonou a escola aos dezesseis anos, na sétima série. Depois, no SESI, completou o Fundamental e fez o curso de auxiliar de enfermagem. Tinha consciência de que fora mais longe do que a maioria das colegas de geração. No entanto, não era o bastante. Precisava de mais, queria muito mais. Seu sonho, agora, era maior: cursar artes cênicas na UFRJ.

Happy end não costuma encerrar as melhores histórias, no reino da literatura e da dramaturgia. O fim tem de ser cruel e os escritores canônicos, à moda dos deuses da mitologia clássica, preferem castigar os leitores ingênuos que se iludem com devaneios idealistas e românticos. Se os alimentam com banquetes felizes de amores e sucessos é apenas para surpreendê-los com a brutalidade da queda. Na grande arte, o destino abate veleidades utópicas, duramente. Mas a vida não é obrigada a imitar a arte, pelo menos não a arte canônica, e pode premiar a protagonista com um final feliz, principalmente quando ela faz por merecer e, mais ainda, se apropria de sua história como quem a escreve e lhe impõe inflexões virtuosas, surpreendentemente poderosas e criativas. Janira fez o tempo curvar-se à sua coragem. A despeito dos inevitáveis limites da realidade, sua vontade foi soberana. O fato de estar casada com um homem quase trinta anos mais jovem soa natural, uma vez que a segunda juventude de Janira demonstrou quão relativa é a temporalidade física, contada em números de anos e décadas. Nada é linear, na peça que ela ensaia para montar e habitar: a próxima etapa de sua biografia. A narrativa que está dedilhando é sua nova morada.

O pulo da depressão para a energia vital reconquistada — que lançou Janira primeiro nos domínios da plenitude e do encantamento, e a seguir contra o muro da falta de sentido, a lhe cobrar tradução, essa reviravolta — completou-se com o segundo movimento, a retomada dos estudos. Depois de sair da cama e visitar a Lona Cultural, Janira encontrou o EJA, promovido por FRM & Redes da Maré.

Ali estava a chave. Não a chave para uma porta, mas para o umbral que separa dimensões. Janira descreve sua experiência no EJA com a metáfora das dimensões, que correspondem a mundos diferentes. Cursar o EJA lhe facultou o acesso a uma realidade surpreendente. No fundo, ela não ingressava num mundo novo, nem visitava uma realidade nova, mas adotava óculos que lhe permitiam ver, no velho mundo, na antiga realidade, o que nunca tinha visto. As lentes não são propriamente o acúmulo de conhecimentos, mas perspectivas críticas e métodos de produção do conhecimento, ferramentas que transformam ferro em ouro, como na tradição mágica da alquimia. Só que, no campo das ciências e da filosofia, a transmutação, em vez de mágica, é racional, fruto da reflexão e do teste sistemático de hipóteses. O procedimento está baseado na dúvida: dado um enunciado, deve-se perguntar em que pressuposto ele se apoia e que desdobramentos suscita. Em seguida, trata-se de testar o pressuposto, identificando-se as condições, empiricamente verificáveis ou logicamente consistentes, que o tornariam sustentável. Seguir esse caminho significa aceitar como verdadeiras apenas as afirmações que sejam passíveis de crítica e demonstração. Caem por terra, portanto, todos os preconceitos e todas as generalizações, as quais acabam virando dogmas e difundindo ideais falsas.

Janira também aprendeu que, entre o céu e a terra, há mais do que o conhecimento humano consegue desvendar. Há espaço para a fé e a imaginação. Assim como há outras formas de conhecimento, que dialogam com outras capacidades e potencialidades humanas, como as artes. Sobretudo, Janira descobriu que sua experiência tão mobilizadora no EJA só foi possível porque, em paralelo à cognição, o método de ensino provoca, anima e valoriza a inteligência emocional. Sem que se criasse um ambiente acolhedor e respeitoso, participativo e aberto, estimulante e atraente, não haveria a liberdade para arriscar, expor-se com segurança, e errar. Liberdade sem a qual o pensamento e a sensibilidade não se desenvolvem.

Janira se sentia pronta a contar sua história com outros olhos. E a criar outros rumos para seu próprio enredo.

A LONGA NOITE DE LORDE

Lorde, Loucura e Normal formavam a trinca do barulho. Amigos inseparáveis, eram os personagens mais conhecidos na cena de crack, na Maré, que se deslocara da Avenida Brasil para a fronteira entre os territórios dominados por duas facções rivais, quando a proximidade dos Jogos Olímpicos precipitou políticas municipais de remoção dos moradores em situação de rua. Não para resolver seus problemas, mas para limpar a cidade de imagens que os turistas prefeririam evitar. Lorde recebera o apelido da família ainda criança, porque nascera com cabelos quase brancos e olhos claros, semblante que evocava a estampa de um aristocrata europeu. Loucura passara a ser assim conhecido porque não cansava de aplicar a palavra para qualificar o mundo tal como o percebia e para descrever seus sentimentos e suas práticas, sobretudo quando se aventurava cidade adentro para uns ganhos eventuais, que lhe valeram uma prisão breve e a pena longa que o afastou de perspectivas promissoras das quais estivera muito próximo. Normal também havia adquirido o nome pela insistência com que usava o adjetivo. Calma, gente, ele repetia, tá tudo normal. Tudo que acontecia para ele era normal. Parecia que reproduzir a fórmula o tranquilizava e produzia o efeito mágico de apaziguar os solavancos da vida, conjurando a ansiedade e criando a ilusão de que tudo estava sob controle.

Normal acabou virando nome próprio. Alguns anos depois, virou nome do projeto de redução de danos e integração social da Redes da Maré: a pedido dos moradores da cena de crack, chama-se Espaço Normal. A descrição oficial é a seguinte: "Espaço de convivência e acolhida aos usuários de álcool e outras drogas". Trata-se de homenagem póstuma a um ser humano que, atravessando momentos de prazer e sofrimento, aprisionado pela adição, soube suscitar afeição por onde passava, alegrar os companheiros de jornada e ajudar a conduzi-los para fora do buraco em que se meteram. Normal foi atingido por bala perdida num confronto entre as duas facções do tráfico que atuam na Maré. A terceira, a milícia, vai além do tráfico de drogas.

Lorde nasceu e cresceu na Maré, há trinta e seis anos. Cursou o Fundamental e tentou retomar os estudos três ou quatro vezes, mas foi sempre bloqueado pela necessidade de trabalhar para ajudar a mãe ou pela própria inapetência para métodos e ritmos que pareciam excluir seu tipo de personalidade e, sobretudo, ignorar seu desejo. Quando saiu do quartel, aos dezoito anos, insistiu mais uma vez, mas o casamento precoce lhe deu duas filhas, as quais lhe impuseram responsabilidades muito pesadas, que ele procurava honrar fazendo bicos, tirando entulho de obras, pintando residências e estabelecimentos comerciais. O fardo foi excessivo para um jovem que não se sentia à vontade no mundo, nem exatamente orgulhoso de si mesmo. Afinal, a casa não era sua, o trabalho não tinha continuidade, e ele sequer podia explorar alguma virtude profissional, que se desenvolve com o tempo e o acúmulo de experiências. Acabava lhe sobrando apenas a força como recurso para sobreviver e era somente sua energia física que ele alugava, provisoriamente, na maior parte das vezes em que conseguia alguma remuneração, sempre informal. E a força falta quando a depressão bate à porta, com as contas a pagar, ante os olhares de condenação dos outros, e, sobretudo, o seu próprio. Lorde ria consigo mesmo quando ouvia de alguns parceiros de infortúnio, tão desprovidos de grana, estudo e bens quanto ele, que eram empreendedores, que tinham espírito empreendedor, que buscavam cultivar o empreendedorismo. Achava que era só um nome bonito para o fracasso profissional, o isolamento, a exploração a que eram submetidos. A miséria, na prática, era a mesma. De vez em quando encontrava seus amigos empreendedores caídos no chão, embriagados, nos bares da comunidade.

Lorde não fugiu à regra: adotou o álcool como amparo e rota de fuga, embora consciente de que o apoio é passageiro e ilusório, e fugir não resolve, porque os problemas a gente carrega aonde for. Do álcool passou ao loló e daí à cocaína. O dinheiro acabou, mas a vontade de escapar e de se sentir ligado cresceu. O jeito foi trocar a coca pelo crack, bem mais em conta. Quanto aos efeitos devastadores e à escravidão que o vício produz, bem, ele não os ignorava, mas a experiência era boa demais e era compensadora porque o libertava até mesmo da consciência desses riscos. Ficar limpo não oferecia nenhuma vantagem, ele deduzia, ainda que, naquele tempo, reflexão não fosse seu forte. Lorde era pura experiência. O prazer do crack foi se tornando mais breve a cada dia e sua ausência cada vez mais insuportável. Ele já não sabia se buscava a droga porque precisava de seus efeitos físicos ou porque a falta desses efeitos o jogava num abismo. Tempos depois, aprendeu que o abismo era fruto da droga, não de sua falta, e que a falta da droga é, na verdade, seu efeito. Mas essa lucidez demorou a chegar. Até lá, isto é, até sentir o desejo profundo de se livrar do crack, atravessou o inferno, intercalado por visitas crescentemente breves e insatisfatórias ao paraíso.

O desejo profundo de pular fora do circuito penoso do crack tem características difíceis de compreender e manejar. Ele não é contínuo, estável e permanente, portanto, não assegura seu cumprimento. Hesitações e ambiguidades constituem a natureza do processo de saída. E é por isso que a saída nunca é definitiva. Assim como se diz que o amor é eterno enquanto dura, também o desejo de se livrar do vício é definitivo enquanto dura. As recaídas são perigosas porque abatem e fragilizam o desejo de cura, promovendo a ocorrência de momentos depressivos cujo enfrentamento leva de novo ao uso do crack. A sensação de fracasso deprime e a depressão é o avesso do desejo de cura.

Hoje, tudo isso é muito claro para Lorde. Não era quando a onda o engoliu, a onda do crack, levando de roldão tudo o que ele tinha. O único obstáculo ao uso abusivo era o limite físico. Vamos por partes, seguindo o relato cronológico.

Quando Lorde encontrou o crack, ele amargava uma fase especialmente delicada de sua trajetória, sem recursos e perspectivas, dependendo da sogra e se mostrando incapaz, ante a esposa, as filhas, a comunidade, e ante a si mesmo, de construir sua própria autonomia. A adesão à droga correspondia à desistência da vida, renúncia que não era suicídio, mas flertava com a morte e a precedia. A autoestima rebaixada o humilhava, sentia-se invisível e, se era visto, os olhares lhe pareciam de condenação e desprezo. Por isso, havia apenas um caminho: desaparecer sem deixar rastros, abandonar a casa, qualquer casa, colocar-se fora do alcance das condenações, de todo endereço que o identificasse, o localizasse. Entretanto, dado que a condenação que mais importava, sem a qual as demais não teriam tanta ressonância, vinha de seu próprio juízo aniquilador, era necessário pôr-se fora do alcance de si mesmo. Em resumo, era urgente fugir de si, o que só seria possível desativando todos os comandos da razão e da consciência. Lorde buscou a letargia que o inebriasse, entorpecesse, anestesiando o sofrimento que infligia a si mesmo, com a colaboração perversa e violenta das condições materiais de existência e, portanto, das relações sociais e econômicas que as tornavam possíveis. Seu projeto passou a ser sumir. O meio mais eficiente de se proteger, de se pôr à margem e anular-se, escapando de todos os vínculos, era misturar-se aos que viviam em situação de rua, porém juntos, no espaço que pesquisadores e responsáveis por projetos sociais chamam "cena do crack". E, assim, Lorde se tornou cracudo, palavra aplicada com afeto e carinho por alguns, com preconceito, por outros. Lorde era mais um a rumar para o estágio em que homens e mulheres se convertem em zumbis, termo usado pelos que escarnecem.

Antes de migrar para a cena do crack, Lorde percorreu distintas etapas do processo de decomposição de sua vida, nas mais diversas dimensões que a compunham. Primeiro, tentou esconder da esposa, manter-se presente em casa e trabalhar, intermitentemente. A conciliação entre o uso do crack e a preservação de compromissos se inviabilizou na escalada do consumo. A esposa descobriu, ele se tornou gradualmente menos presente em casa, menos capaz de prover alimentação e condições materiais. O cotidiano foi se convertendo em caos quando ele aumentou o consumo para a média diária de seis a dez pedras.

Já mergulhado em seu novo ambiente, na cena, com um misto de vergonha, decepção e choque, deparou-se, entre os membros daquele grupo, com a filha adolescente de sua esposa — sua enteada, portanto. Como ajudá-la e ordenar-lhe que voltasse para casa, se ele mesmo estava ali? A nova realidade não cabe num retrato, porque era inconstante, instável e dinâmica, repleta de idas e vindas, saídas e retornos. Durante algum tempo, Lorde percorreu em ziguezague a cena do crack e a vida na comunidade e na família. Alguns dias, lá, alguns, cá, até que, levando a esposa, a imersão no mundo da droga venceu a disputa entre as formas de vida. As duas filhas do casal, após um período de abandono, precariamente cuidadas pelos vizinhos, ficaram com a sogra.

Na cena do crack, vínculos se constituem e identidades se afirmam, mas as relações se travam entre iguais, sem julgamentos, todos compartilhando os benefícios e o martírio do destino marginal. Uma sociedade de despossuídos, em andrajos, cuja liberdade estava sendo construída ao preço de outras prisões. Um dos mais prodigiosos privilégios que o crack proporcionava a Lorde era a supressão da angústia que decorria da imprevisibilidade e da incerteza sobre o futuro, mais especificamente sobre o dia seguinte. Amanhã costumava ser uma incógnita que o desconcertava. Como um desempregado, mais que isso, um desenraizado, vai lidar com a luta pela sobrevivência e pela dignidade amanhã? Aonde ir? O que fazer? Como fazer? Com quem? Cada hora é hora de aflição e ansiedade que deve ser ocupada por um sujeito sem rumo, visto por outros como vagabundo impotente, incapaz, perdido. Caso perdido. Onde estava a saída? A solução para a angústia do futuro era preencher todo o tempo por vir com a certeza que a repetição proporciona, apaziguando a mente que padece. Repetição é o outro nome do vício ou da dependência química. O amanhã está regrado, mapeado, inteiramente dominado. A incerteza foi domesticada pela disciplina radical do vício, dessa aplicação sistemática e regular ao consumo da droga. As sensações são conhecidas e a temporalidade é a do uso e do repouso, do uso e do repouso, intercalados pela perambulação requerida para a obtenção do dinheiro necessário à compra do produto.

Lorde estava protegido, embora mais vulnerável do que nunca, e vulnerável, embora sentindo-se protegido. Ao lado da esposa, tudo se ampliava, riscos e acolhimento. Aos poucos, os laços na cena do crack geram uma fratria, uma espécie de irmandade, mesmo que a solidariedade e a empatia não anulassem a proliferação de conflitos. Na medida em que o convívio se prolonga, a negociação do cotidiano suscita a emergência de normas internas ao grupo. Lideranças surgem. Lorde, Loucura e Normal se destacam. As aventuras e desventuras à cidade, à caça de grana para a droga, exigem um mínimo de foco e organização. O grau de entorpecimento tem de ser limitado ou o uso da substância não se reproduzirá, porque não haverá grana, nem se cumprirão as tarefas indispensáveis para obtê-la.

Lorde foi experimentando articulações diferentes entre os dois universos. Depois de hibernar na cena, substituiu a imersão completa no grupo de consumidores do crack por uma estratégia que combinava temporadas de extensão variada na cena e na casa da mãe. Talvez já se tratasse de ensaio geral para a saída, uma preparação para o rompimento com a cena, apesar de continuar usando crack, hospedado na casa materna. Portanto, o retorno à cena não era vivido e percebido como recaída ou derrota, porque a perspectiva da saída não se colocara, nem o consumo fora suspenso. Esse detalhe era importante, porque evitava a queda depressiva, a qual realimentaria o círculo vicioso. O fato sugere que há vantagens nos tratamentos moderados, que não exigem abstinência total, generalizada e irreversível, e tolera o uso moderado e a intercalação de substâncias, sob a forma de redução de danos. Outro fator relevante é a abertura de horizontes para que novas práticas se inscrevam, gradualmente e a partir do diálogo respeitoso, no cotidiano dos usuários em situação de rua, para os quais o consumo não é recreativo, mas bloqueador da inserção funcional na sociedade, nos estudos e no âmbito do trabalho.

O período de vida dupla foi sucedido pela volta permanente à cena, o que levou Lorde a acompanhar de perto as vicissitudes envolvidas na criação de condições materiais para o consumo do crack. Loucura foi preso. O encarceramento não durou muito, mesmo assim abalou o grupo e Lorde, em particular. Paralelamente, seu casamento se desfez. Pouco depois, Normal foi morto. As atribulações tinham sido antecedidas pela já referida transferência da Avenida Brasil para o interior da Maré.

A direção do processo sombrio começou a virar quando a Redes da Maré decidiu implementar um programa de redução de danos e oferta de alternativas aos ocupantes da cena do crack. Providenciaram banheiros e articularam os serviços de saúde, que tratavam as doenças, como tuberculose, no consultório montado na rua. Promoveram mutirões para limpar a área e, entre várias iniciativas que os valorizavam, levaram os componentes do grupo para conhecer museus, como o MAR, cinemas, teatros e áreas históricas da cidade. As visitas produziram impacto significativo. Suscitaram encantamento, posto que jamais haviam sido expostos àquelas informações e experiências. Descobrindo outra cidade, diferente daquela que conheciam e vivenciavam, divisaram outras formas de vida e outras possibilidades para si mesmos. A imaginação, excitada, prefigurou alternativas antes impensáveis. O desejo foi mobilizado.

Lorde, que iniciava naquele momento, e certamente não por acaso, um relacionamento amoroso com nova parceira, tornou-se entusiasta do programa de redução de danos implantado pela Redes da Maré, sobretudo quando participou do projeto "Você me vê quando me olha?", conduzido por Tatiana Altberg, designer e fotógrafa, com reconhecida trajetória no tratamento da fotografia seja como método científico, seja como veículo artístico. Em 2006, ela havia liderado o experimento "Mão na Lata", que dera lugar a um livro com o mesmo nome, realizado pelo núcleo de fotografia *pinhole* do Observatório de Favelas, sediado na Maré. A pergunta "Você me vê quando me olha?" mobilizou Lorde, intensa e profundamente, na medida em que provocou indagações sobre o sentido da invisibilidade, enquanto negação do valor do outro, anulação do outro. Abriu-se a temporada de reflexões sobre os efeitos da invisibilidade e a fome de reconhecimento. Lorde percebeu que estava implicado de várias maneiras na geração da invisibilidade, reproduzindo-a contra si mesmo: ele tampouco se via quando olhava no espelho. Ele via a imagem distorcida pelo preconceito e desrespeito dos outros. Acreditava mais na imagem que lhe vinha de fora do que naquela que ele mesmo poderia ver. E a imagem que vinha de fora não era ele, mas a projeção do pior que havia nos outros.

O novo horizonte acendeu em Lorde a vontade de retomar sua vida, fora da cena do crack, inclusive para ajudar os parceiros que permanecessem na cena. Ele queria colaborar na transformação da cena em Espaço Normal. Testemunhando seu desenvolvimento, agentes da Redes propuseram a ele e a seu parceiro Loucura — que parecia seguir a evolução de Lorde — trabalho no setor de limpeza da instituição. Os dois estavam exultantes com a oportunidade.

Faltava uma semana para a contratação. Enquanto Lorde se preparava para a nova missão, Loucura preferiu se despedir dos tempos de loucuras, praticando mais uma. Tentando furtar para comprar a última pedra, foi preso e até hoje cumpre sentença. Ninguém está a salvo do auto boicote.

A frustração foi grande, mas o programa prosseguiu, assim como a caminhada profissional de Lorde. Trabalhando na Redes, ele cultivou planos mais ambiciosos, no centro dos quais estava a volta aos estudos. A Redes da Maré e a Fundação Roberto Marinho implantaram o EJA na Maré. Desde que foi informado, Lorde reagiu com entusiasmo e foi dos primeiros a se inscrever. Indagado sobre esse retorno aos estudos, ele não tem sido original. Suas palavras repetem as declarações de praticamente todos os entrevistados, não porque as tenha ouvido, mas porque traduzem a realidade, coletivamente experimentada: mudou a minha vida. Ele respira, pensa, hesita, ganha coragem e completa: para sempre.

A redução de danos posta em ação pelo programa Espaço Normal representa, para os deserdados de si mesmos, e marginalizados, prostrados na cena do crack, algo difícil de sintetizar e análogo ao que significa o EJA da Maré, com sua metodologia crítica, questionadora, aberta e criativa, para quem não conseguiu completar a escolaridade.

O acesso à sanidade liberta, assim como o acesso à educação. O reencontro consigo mesmo sob perspectiva positiva corresponde, de certo ponto de vista, à descoberta de que educação, mais que informação ou conhecimento, é também conhecimento de si mesmo, não enquanto realidade fixa, mas enquanto potencialidade. As duas experiências investem na desestabilização de ideias rígidas, fechadas, impermeáveis ao diálogo e refratárias a revisões, sobre o que é o mundo e o que é cada pessoa. O conhecimento implica questionamento, inaugura fluxo que não cessa, promove transformações. Educação é o ensino da dúvida, do movimento cognitivo e afetivo, intelectual e psicológico rumo a outras perspectivas das quais se possam observar outros aspectos do mesmo fenômeno.

Por isso, não há educação sem empatia e compaixão. O que é o Espaço Normal senão o exercício incessante de empatia e compaixão? O resultado é que todos se salvam da invisibilidade. Lorde não seria tão grato se não tivesse atravessado a longa noite. Nem tão otimista. O resultado da educação, como do programa Espaço Normal, diz-se numa palavra: esperança.

15 LIÇÕES

Aprende-se muito sobre a complexidade multidimensional do processo educativo observando-se o impacto do EJA da Maré na vida dos alunos e das alunas, segundo suas próprias percepções. Há, certamente, outras lições a extrair. A lista abaixo não tem, portanto, a pretensão de esgotá-las. Apesar da coincidência entre o número de histórias de vida, sinteticamente relatadas, e a quantidade de lições, não há correspondência entre as narrativas e os pontos destacados. Em outras palavras, uma lição pode derivar de um ou vários relatos, ou de cruzamentos entre eles. Outro ponto: seria perfeitamente razoável atribuir a autoria desta listagem às alunas e aos alunos entrevistados, porque foram elas e eles que identificaram os efeitos sobre suas vidas e os aspectos do EJA aqui destacados. A linguagem é diferente e alguns desdobramentos conceituais foram acrescentados, assim como vários pressupostos foram explicitados, analiticamente. Nesse sentido, talvez o mais preciso e justo seja dizer que a autoria, aqui, foi compartilhada. Evidentemente, nada do que constatamos existiria, exercendo impacto na vida dos estudantes, nem poderia ser formulado, não fosse a extraordinária capacidade das professoras e dos professores, assim como das coordenadoras, que realizaram o EJA — espero que o continuem realizando — e nos ensinaram a compreendê-lo, em toda a sua prodigiosa e exuberante potencialidade. Registre-se, já que nos referimos à autoria, que as 15 lições foram escritas a quatro mãos com Miriam Krenzinger.

***

É desalentador atestar que muitos personagens dessas páginas sofreram, ao longo de suas trajetórias, contínua depreciação de suas capacidades cognitivas, seja em decorrência de discursos e atitudes familiares e comunitárias, seja em função do reiterado fracasso de experiências escolares anteriores ao EJA. O abandono da escola mais frequentemente é visto como prova de carências dos estudantes do que de deficiência pedagógica. Via de regra, para a saída da escola concorrem (a) a necessidade de trabalhar, precocemente; (b) a desvalorização do estudo ante a (b.1) improbabilidade da ascensão social numa sociedade em que as desigualdades abismais avultam, ou ante o (b.2) histórico familiar que, refletindo e projetando na história as desigualdades, naturaliza a exclusão do universo escolar; (c) a incompatibilidade entre desejos, a imaginação e os ritmos de crianças e adolescentes, por um lado, e o que a escola padrão oferece — o resultado, mais do que desagrado, costuma ser a produção de desinteresse e evasão; (d) a diminuta autoestima dos que se sentem incapazes de compreender as aulas e o conteúdo das disciplinas. Esse rebaixamento de si mesmo tende a se reproduzir e fortalecer, com o tempo, em razão do medo e da vergonha de se expor diante da turma e do professor para perguntar e participar. O ambiente de bullying, desconfiança e desrespeito suscita isolamento, estimula a reserva, o fechamento em si ou a busca de grupos que, fora da escola, acolham e ofereçam a reconfortante experiência do pertencimento. A dinâmica acaba conduzindo à evasão, vista também ela como mais uma e agora definitiva demonstração de que a autoavaliação depreciativa era verdadeira. Trata-se da profecia que se auto cumpre. Essa avaliação se converte em sentença e atua como condenação. Não há processos desse tipo sem a cumplicidade da escola. Afinal, a avaliação de si é construída coletiva e institucionalmente. Contribuem para sua formulação a família, a comunidade e a escola. Quando a escola colabora para a definição de um destino e de um sujeito rebaixados, funciona como vetor do racismo estrutural e como fator de extensão e aprofundamento das desigualdades socioeconômicas.

O desempenho dos professores e das professoras e as metodologias adotadas no EJA bloqueiam a dinâmica em que se internaliza a visão negativa de si que porventura alguns estudantes tenham desenvolvido. O passo fundamental é a criação de um ambiente de respeito mútuo e confiança, que valoriza a participação de cada uma e cada um. Na medida em que as condições emocionais se tornem positivas, a performance intelectual evolui, erigindo a moldura em que a liberdade anima a disposição para errar e, portanto, pensar, duvidar, divergir, testar hipóteses, aprimorar formulações, formular sínteses. Em outras palavras, no EJA, a inteligência emocional é cultivada, abrindo espaço para o desenvolvimento da inteligência cognitiva. Conforme os estudantes começam a compreender e se dão conta de que estão aprendendo conteúdos que pareciam impenetráveis, o círculo vicioso da depreciação e da exclusão converte-se no círculo virtuoso da (auto)valorização e da inclusão.

Em síntese:

01 O EJA identifica, isola, suspende e desconstitui a autoimagem rebaixada de estudantes, quando se percebem e se definem como atrasados e em débito com a vida, porque aquém do desenvolvimento padrão. Quando subestimam a si mesmos rebaixam expectativas, planejam menos para o futuro e se resignam com as atuais posições relativas na estrutura social, assim como no mercado de trabalho.

02 O EJA subverte, na prática, a autoavaliação depreciativa dos alunos e das alunas quanto às suas capacidades cognitivas, seu potencial para aprender.

03

Quem se subestima, se despotencializa e terceiriza o protagonismo, reduzindo-se a alvo ou objeto passivo das ações alheias e, sobretudo, do poder. Nesse caso, o poder tende a ser entendido como o vago "eles", ou o Estado, ou como o destino, ou ainda como as indecifráveis razões divinas. Sendo assim, quando logra alterar a autopercepção negativa do estudante, o EJA rompe essa cadeia e potencializa o sujeito, ou melhor, torna-o consciente de sua própria potencialidade, o que repõe suas relações com o futuro, os outros e a coletividade.

04

Revertendo as percepções negativas suprarreferidas, que correspondem, como assinalado, a determinado repertório de comportamentos e visões de mundo, o EJA estimula o protagonismo, não apenas na sala de aula, mas nos planos de futuro, nas prospecções, nas expectativas e no envolvimento participativo em questões coletivas, enquanto cidadãos. A arena dessa experiência radical de mudança é a sala de aula ativa, em movimento, isto é, ocupada pela participação e pelas múltiplas vozes, ouvidas com respeito, mesmo na divergência. Essa experiência e o ensino exercitado com perícia e paciência furam os bloqueios construídos ao longo da vida, sobretudo na escola.

05

As emoções associadas à depreciação das aptidões cognitivas, que são internalizadas e se convertem em autoimagem rebaixada, são muitas, aqui bastando citar o medo, a vergonha e o acuamento, os quais impõem, dentro e fora da sala, o silêncio, o absenteísmo e a resignação ante uma realidade supostamente regida pelos que podem e sabem. O personagem que metaboliza e assimila uma autoimagem rebaixada foge do espaço público, que não reconhece como sendo também seu. Em outras palavras, esconde-se, rejeita e foge do espaço público, evade-se da participação cidadã. Quem ousaria contestar, do fundo da ignorância e da inaptidão? Sinônimo da incapacidade cognitiva assumida é a impotência, enquanto cidadão ou cidadã. O EJA sabe disso e desenrola o novelo engendrado pelos círculos viciosos que retroalimentam o desfalecimento da vontade e o apego inercial "ao que sempre foi, ao que sempre fui". Nesse sentido preciso, a desnaturalização das visões de mundo é a contrapartida da autovalorização do sujeito, a qual depende do valor que o Outro significativo lhe atribui.

06 A geração da confiança e a criação de Outros significativos positivos são tarefas prioritárias. O EJA trabalha as relações entre os alunos e entre eles e elas e o professor ou a professora. O objetivo é que se tornem significativos, uns para os outros, ou seja, inspirem-se uns aos outros e se convertam em referências afetivamente relevantes. O polo que desempenha o papel estratégico é a professora ou o professor. Ele ou ela é a grande mediadora. Transmitir conteúdo de forma inteligível a cada pessoa presente é fundamental, mas não esgota as funções do ensino, porque os obstáculos ao entendimento só serão vencidos se, paralelamente à performance pedagógica, relações de confiança, no ambiente de liberdade e respeito, estiverem se estabelecendo.

07 Seja como ética de convívio, aplicada no dia a dia, seja como objetos de estudo, o EJA investe na desconstrução crítica dos preconceitos, entre outros, de idade, gênero, cor e identidade sexual. Tematizando tabus e estigmas,

as suscetibilidades, hostilidades, a vergonha e o medo apresentam-se também como exemplos vividos, por vezes reproduzidos naquele mesmo espaço, exigindo atitudes críticas e repactuações, incorporando quem se puser ao lado, acuado, e relacionando a mudança ali experimentada com possibilidades de transformação na sociedade. Idosos veem-se instados a rever suas ideias sobre jovens e vice-versa. O racismo institucionalizado, que as escolas frequentemente reproduzem, construindo o mito do fracasso escolar individualizado, espelhando e perpetuando o racismo estrutural brasileiro, é diagnosticado e confrontado no EJA. A intenção é oferecer a todos e todas a oportunidade de identificar e examinar fenômenos decisivos em suas vidas, na perspectiva da superação. O lugar das mulheres, a violência doméstica, o feminicídio, a homofobia e seus efeitos trágicos, todas essas questões envolvem os estudantes e lhes dá instrumentos para libertarem-se, como vítimas ou algozes. Atacar o racismo e os preconceitos equivale, em muitos casos, a combater, além da violência e das desigualdades, a depressão e o abandono de si.

08

Outra realização notável do EJA é o desenvolvimento da empatia, da compaixão e da assunção de responsabilidades pelos outros: familiares, parceiros, vizinhos, aqueles que integram as redes primárias de sociabilidade. Aprende-se, na prática e estudando as diferentes disciplinas, quão importante é o olhar do outro, o abraço, a escuta. O EJA inaugura um espaço exemplar, existencial, pedagógico e difusor de uma experiência de relacionamento essencialmente refratário à violência, qualquer que seja sua forma. Não por acaso, pais e mães procuram trazer seus filhos para o EJA ou, como é mais comum, filhos e filhas tentam convencer os pais a segui-los. Cria-se, assim, um polo de atração capaz de competir com os polos ligados à violência. Se estes oferecem acesso a bens materiais e imateriais, como acolhimento, valorização e pertencimento, o EJA oferece o mesmo, com mais intensidade e sinais invertidos, sem que a opção custe a vida, pelo contrário, rasgando horizontes para novas vidas.

09

O conhecimento e o desenvolvimento da inteligência emocional ajudam a interromper a repetição da violência que o trauma pode provocar. São célebres as pesquisas europeias e norte-americanas demonstrando que a experiência traumática produzida pela violência, na infância e na adolescência, é fator relevante na promoção futura da violência. Contudo, nas histórias aqui reunidas há exemplos em que o trauma é elaborado e superado, na medida em que conhecimento e amadurecimento emocional obstam a dinâmica destrutiva e reiterativa. O EJA representa um ponto de inflexão nas dinâmicas do sofrimento.

10

Além da referida exploração positiva da empatia e da compaixão, estendendo às redes primárias relações vivenciadas em sala de aula, e ali tomadas como objeto de reflexão e pesquisa, produzem-se também, no EJA e a partir do EJA, novos olhares e novas relações, marcadas pela solidariedade e pela responsabilidade com a Maré, outros bairros e a cidade, com o país, a humanidade e a natureza. Quer dizer, o EJA oferece formação política, no sentido nobre, democrático e cidadão da palavra.

11 Por outro lado, é necessário destacar o papel crucial do EJA para a abertura de oportunidades no mercado de trabalho. As questões pragmáticas da sobrevivência, do trabalho e do emprego costumam ser as que suscitam, inicialmente, o interesse pelo EJA na Maré. Em pouco tempo, quem cursa o EJA, seja no Ensino Fundamental, seja no Ensino Médio, credencia-se a se recolocar na vida produtiva. O EJA é também, portanto, ao menos potencialmente, um instrumento de ascensão social. Muitos diriam que, acima de tudo, é essa a sua função. A percepção dos que se beneficiaram da experiência de cursá-lo é um pouco diferente: sem subestimar esse papel pragmático, privilegia aspectos mais amplos e profundos, destacados nos itens anteriores.

12 Entre esses outros aspectos, enfatizados nos depoimentos dos estudantes, incluem-se questões menos imediatas, que se reportam ao aprendizado de que é possível querer mais, desejar ir além do que está hoje posto como oportunidades de trabalho. O EJA ensina o vocabulário apropriado e fornece ferramentas conceituais e informações para que se divisem novos horizontes, se cultivem ideais e sonhos. Por exemplo, ascender à universidade — mesmo que não haja ganhos imediatos —, aspirar a adotar nova profissão, imaginar-se em outros lugares. Muitos serão os primeiros, na família, a dar passos mais ousados. Outros que já avançaram servem de exemplo. Não se trata de elevar o status, mas de conquistar a valorização social.

13 Entretanto, a vida não é só trabalho e sobrevivência, é também diversão e arte. O EJA propicia a descoberta do prazer de conhecer, ler, contemplar, fruir a cultura. As visitas a museus e teatros podem ser transformadoras.

14 Não é qualquer professor que pode lecionar no EJA. São necessárias habilidades especiais, talento, criatividade, sensibilidade empática, liderança e segurança, competência didática e psicológica, e valores democráticos. Docentes com essas qualidades foram fruto de formação sofisticada e só a puderam colocar em prática porque alcançaram excepcional maturidade. É preciso valorizar esse segmento de docentes e investir na formação de profissionais de mesmo nível. Seu sucesso está produzindo uma surpreendente e curiosa transferência dos pastores aos professores. Dos primeiros aos segundos a liderança, a referência agregadora, a educação ética e a responsabilidade pela distinção entre a crença e o conhecimento, entre o espaço religioso e o mundo público laico. Sem autoridade carismática, os professores e as professoras do EJA têm transformado o sentido da palavra salvação.

15 Sendo o EJA da Maré um projeto territorial e carregando em si a esperança de que se revestem todas as iniciativas locais da Redes, pela admiração que conquistou ao longo dos anos, à qual se soma a importância que a comunidade atribui à Fundação Roberto Marinho, deve-se considerar que as virtudes propriamente educativas aqui sublinhadas adquirem proporções culturais e políticas em escala nacional. De algum modo, com mais ou menos consciência, os participantes e beneficiários do projeto sabem ou intuem que fazem história.

Educação para mudar o mundo foi impresso em 2023 pela gráfica Rotaplan em papel cartão supremo 300g/m² na capa e pólen natural 80g/m² no miolo, tipografia Heading Now e Heldane, cinco anos após o início da parceria entre Redes da Maré e Fundação Roberto Marinho para oferecer aulas regulares na modalidade Educação de Jovens e Adultos para os moradores do conjunto de favelas da Maré.